Heimdall

Hornbläser und Asenwächter
Weisheitsbringer und lichter Gott

Band 8 der Reihe „Die Götter der Germanen"

Bücher von Harry Eilenstein:

- Astrologie (496 S.)
- Photo-Astrologie (64 S.)
- Tarot (104 S.)
- Handbuch für Zauberlehrlinge (408 S.)
- Physik und Magie (184 S.)
- Der Lebenskraftkörper (230 S.)
- Die Chakren (100 S.)
- Meditation (140 S.)
- Drachenfeuer (124 S.)
- Krafttiere – Tiergöttinnen – Tiertänze (112 S.)
- Schwitzhütten (524 S.)
- Totempfähle (440 S.)
- Muttergöttin und Schamanen (168 S.)
- Göbekli Tepe (472 S.)
- Hathor und Re:
    Band 1: Götter und Mythen im Alten Ägypten (432 S.)
    Band 2: Die altägyptische Religion – Ursprünge, Kult und Magie (396 S.)
- Isis (508 S.)
- Die Entwicklung der indogermanischen Religionen (700 S.)
- Wurzeln und Zweige der indogermanischen Religion (224 S.)
- Der Kessel von Gundestrup (220 S.)
- Cernunnos (690 S.)
- Christus (60 S.)
- Odin (300 S.)
- Die Götter der Germanen (Band 1 – 80)
- Dakini (80 S.)
- Kursus der praktischen Kabbala (150 S.)
- Eltern der Erde (450 S.)
- Blüten des Lebensbaumes:
    Band 1: Die Struktur des kabbalistischen Lebensbaumes (370 S.)
    Band 2: Der kabbalistische Lebensbaum als Forschungshilfsmittel (580 S.)
    Band 3: Der kabbalistische Lebensbaum als spirituelle Landkarte (520 S.)
- Über die Freude (100 S.)
- Das Geheimnis des inneren Friedens (252 S.)
- Von innerer Fülle zu äußerem Gedeihen (52 S.)
- Das Beziehungsmandala (52 S.)
- Die Symbolik der Krankheiten (76 S.)

Kontakt: www.HarryEilenstein.de / Harry.Eilenstein@web.de
Impressum: Copyright: 2011 by Harry Eilenstein – Alle Rechte, insbesondere auch das der Übersetzung, vorbehalten. Kein Teil des Buches darf ohne schriftliche Genehmigung des Autors und des Verlages (nicht als Fotokopie, Mikrofilm, auf elektronischen Datenträgern oder im Internet) reproduziert, übersetzt, gespeichert oder verbreitet werden.
Herstellung und Verlag: BoD - Books on Demand, Norderstedt
ISBN: 9783743115118

Die Themen der einzelnen Bände der Reihe „Die Götter der Germanen"

1. Die Entwicklung der germanischen Religion
2. Lexikon der germanischen Religion
3. Der ursprüngliche Göttervater Tyr
4. Tyr in der Unterwelt: der Schmied Wieland
5. Tyr in der Unterwelt: der Riesenkönig Teil 1
6. Tyr in der Unterwelt: der Riesenkönig Teil 2
7. Tyr in der Unterwelt: der Zwergenkönig
8. Der Himmelswächter Heimdall
9. Der Sommergott: Baldur, Phol und Meili
10. Der Meeresgott: Ägir, Hler und Njörd
11. Der Eibengott Ullr
12. Die Zwillingsgötter Alcis
13. Der neue Göttervater Odin Teil 1
14. Der neue Göttervater Odin Teil 2
15. Der Fruchtbarkeitsgott Freyr
16. Der Chaos-Gott Loki
17. Der Donnergott Thor
18. Der Priestergott Hönir
19. Die Göttersöhne
20. Die unbekannteren Götter
21. Die Göttermutter Frigg
22. Die Liebesgöttin: Freya und Menglöd
23. Die Erdgöttinnen
24. Die Korngöttin Sif
25. Die Apfel-Göttin Idun
26. Die Hügelgrab-Jenseitsgöttin Hel
27. Die Meeres-Jenseitsgöttin Ran
28. Die unbekannteren Jenseitsgöttinnen
29. Die unbekannteren Göttinnen
30. Die Nornen
31. Die Walküren
32. Die Zwerge
33. Der Urriese Ymir
34. Die Riesen
35. Die Riesinnen
36. Mythologische Wesen
37. Mythologische Priester und Priesterinnen
38. Sigurd/Siegfried
39. Helden und Göttersöhne
40. Die Symbolik der Vögel und Insekten
41. Die Symbolik der Schlangen, Drachen und Ungeheuer
42. Die Symbolik der Herdentiere
43. Die Symbolik der Raubtiere
44. Die Symbolik der Wassertiere und sonstigen Tiere
45. Die Symbolik der Pflanzen
46. Die Symbolik der Farben
47. Die Symbolik der Zahlen
48. Die Symbolik von Sonne, Mond und Sternen
49. Das Jenseits
50. Seelenvogel, Utiseta und Einweihung
51. Wiederzeugung und Wiedergeburt
52. Elemente der Kosmologie
53. Der Weltenbaum
54. Die Symbolik der Himmelsrichtungen und der Jahreszeiten
55. Mythologische Motive
56. Der Tempel
57. Die Einrichtung des Tempels
58. Priesterin – Seherin – Zauberin – Hexe
59. Priester – Seher – Zauberer
60. Rituelle Kleidung und Schmuck
61. Skalden und Skaldinnen
62. Kriegerinnen und Ekstase-Krieger
63. Die Symbolik der Körperteile
64. Magie und Ritual
65. Gestaltwandlungen
66. Magische Waffen
67. Magische Werkzeuge und Gegenstände
68. Zaubersprüche
69. Göttermet
70. Zaubertränke
71. Träume, Omen und Orakel
72. Runen
73. Sozial-religiöse Rituale
74. Weisheiten und Sprichworte
75. Kenningar
76. Rätsel
77. Die vollständige Edda des Snorri Sturluson
78. Frühe Skaldenlieder
79. Mythologische Sagas
80. Hymnen an die germanischen Götter

Inhaltsverzeichnis

I Heimdall in der germanischen Überlieferung 7

I 1. Heimdalls Name 7

I 2. Heimdall der Ase 8
I 2. a) Nafna-Thulur 8
I 2. b) Asen-Heitis 8
I 2. c) Kenningar 9
I 2. d) Skaldskaparmal 9

I 3. Heimdall der Wächter auf der Regenbogenbrücke 10
I 3. a) Gylfis Vision 10
I 3. b) Skirnir-Lied 11
I 3. c) Lokasenna 11
I 3. d) Gylfis Vision 12
I 3. e) Grimnir-Lied 13
I 3. f) Das andere Lied von Helgi Hundingstöter 13
I 3. g) Gylfis Vision 14
I 3. h) Der Seherin Vision 14
I 3. i) Der Riese Vörnir 15
I 3. j) Kenningar 15

I 4. Heimdalls Haupt 19
I 4. a) Skaldskaparmal 19
I 4. b) Skaldskaparmal 21
I 4. c) Landnahmebuch 22
I 4. d) Hattatal 22
I 4. e) Kormak-Saga 22
I 4. f) Die Saga über Thorstein Haus-Macht 23

I 5. Heimdalls neun Mütter 27
I 5. a) Die Vision der Seherin 27
I 5. b) Hyndla-Lied 27
I 5. c) Kenningar 29

I 6.	Heimdalls Horn	30
I 6. a)	Der Seherin Vision	30
I 6. b)	Gylfis Vision	31
I 6. c)	Odins Rabenzauber	32
I 6. d)	Der Seherin Vision	32
I 6. e)	Kenningar	33
I 6. f)	Das Gosforth-Kreuz	33
I 7.	Heimdalls Halle	35
I 7. a)	Gylfis Vision	35
I 7. b)	Gylfis Vision	35
I 7. c)	Grimnir-Lied	36
I 8.	Heimdalls Roß	37
I 8. a)	Gulltop, Gullfaxi, Svadilfari und Sleipnir	37
I 8. b)	Wigblär	37
I 9.	Heimdall der Göttervater	39
I 9. a)	Lied des Rig	39
I 9. b)	Tacitus	48
I 9. c)	Skjöldungen-Saga	49
I 9. d)	Ynglinga-Saga	49
I 9. e)	Der Seherin Vision	50
I 9. f)	Die Spindel von Saltfleetby	51
I 9. g)	Kenningar	51
I 9. h)	Ortsnamen	52
I 10.	Heimdall und Loki	54
I 10. a)	Gylfis Vision	54
I 10. b)	Husdrapa	54
I 10. c)	Skaldskaparmal	56
I 10. d)	Skaldskaparmal	58
I 10. e)	Hedin-Saga	58
I 10. f)	Heimdall und Gefion	64
I 10. g)	Gesta danorum	65
I 10. h)	Neunkräuter-Zauber	66

I 11.	Heimdall der Widder	68
I 11. a)	Heimdall und Widder	68
I 11. b)	Heimdall und Loki als Widder	68
I 11. c)	Der Riese Midjungr	69
I 11. d)	Die Riesin Guma	69
I 11. f)	Kenningar	70
I 12.	Heimdall der Weise	71
I 12. a)	Thrym-Lied	71
I 12. b)	Husdrapa	72
I 12. c)	Das Lied des Rig	72
I 12. d)	Odins Rabenzauber	72
I 13.	Heimdall der Bote des Odin	74
I 13. a)	Odins Rabenzauber	74
I 14.	Sonstiges	79
I 14. a)	Gylfis Vision	79
I 14. b)	Husdrapa	79
I 14. c)	Heimskringla	79
I 14. d)	Sögubrot af nokkrum fornkonungum	80
I 15.	Zusammenfassung	85
II	**Heimdall in der indogermanischen Überlieferung**	**90**
III	**Die Biographie des Gottes Heimdall**	**96**
IV	**Das Aussehen des Heimdall**	**97**
V	**Der Weg zu Heimdall**	**100**
VI	**Hymnen an Heimdall**	**102**
	Ein Haus-Segen	102
	Der Kampf der beiden Robben	103
	Heimdalls Galdr	109
VII	**Traumreise zu Heimdall**	**122**
VIII	**Heimdall heute**	**129**
	Themenverzeichnis	130

I Heimdall in der germanischen Überlieferung

Über den Gott Heimdall gibt es zwar bei weitem nicht so viele Mythen und Hinweise auf seinen Charakter wie z.B. zu Odin, Thor oder Freya, aber aus den erhaltenen Texten ergibt sich trotzdem ein recht lebendiges Bild.

Neben der Lieder-Edda, die eine um ca. 1250 n.Chr. zusammengestellte Sammlung von Gedichten über die Götter und Helden ist, und der Prosa-Edda, die um 1230 n.Chr. von Snorri Sturluson verfaßt worden ist, um die germanische Dichtkunst für die Nachwelt zu bewahren, finden sich auch einige Hinweise in den frühen Skaldenliedern und in den Sagas sowie in den verschiedenen mythologisch-historischen Geschichtswerken, die ab 1200 n.Chr. von den Germanen über die Vergangenheit ihrer einzelnen Völker geschrieben worden sind.

I 1. Heimdalls Name

Der erste Namensteil von „*Heimdall*" bedeutet „Heim, Heimat, Welt". Der zweite Teil bedeute „Tal" im Sinne von „Ort". „Heimdall" bedeutet somit „Heim-Tal" oder „Heimat-Tal".

Dieser Name entspricht der Bezeichnung „Midgard" für das Diesseits und die Menschenwelt. Das Gegenstück dazu ist „Sökkdalir", was „Tiefes Tal" oder „Unterwasser-Tal" bedeutet und ein Name für das Jenseits ist. In Sökkdalir befindet sich der ehemalige Sonnengott-Göttervater Tyr als der Riese Surtur während der Nacht, die dem Jenseits entspricht.

Der Name „*Heimdall*" ähnelt sehr stark dem Namen „*Mardöll*" der Göttin Freya, der „Meeres-Tal" bedeutet und offenbar dem „Sökkdalir" entspricht.

Zusammenfassung

„Heimdall" bedeutet „Heim-Tal" oder „Heimat-Tal", womit Midgard, die Welt der Menschen gemeint sein wird.

I 2. Heimdall der Ase

I 2. a) Nafna-Thulur

In den Namenslisten am Ende der Skaldskaparmal werden die Söhne des Odin aufgezählt. Diese Liste beginnt damit, daß Burir als Vater des Odin genannt wird.

Odins Söhne:

Burir erzeugte Odin;
Baldur und Meili,
Widar und Nepr,
Vali, Ali,
Thor und Hildolfr
Hermodr, Sigi,
Skjöldr, Yngvi-Freyr
und Itreksjod,
Heimdalle, Saemingr,
Hödr und Bragi.

Die Auffassung des Heimdall als Sohn des Odin ist recht sicher eine späte Umdeutung des ehemaligen Göttervaters Tyr-Heimdall sein, um diesen dem neuen Göttervater Odin unterzuordnen. Auch Tyr selber wird in „Gylfis Vision" als Sohn des Odin angesehen.

I 2. b) Asen-Heitis

In diesem Listen-Lied, dessen Verfasser unbekannt ist, wird Heimdall unter den Asen aufgezählt:

Ich werde euch
die Asen-Heiits sagen:
Dies sind Yggr und Thor
und Yngvi-Freyr,
Vidar und Baldur,
Vali und Heimdall,

das sind Tyr und Njörd,
weiterhin Bragi,
Hödur, Forseti,
und schließlich ist da noch Loki.

I 2. c) Kenningar

In dem Lied „Odins Rabenzauber" wird Heimdall als „Nachkomme der Asen" umschrieben. Mit dieser Minimal-Kenningar wird auch Heimdall selber als Ase bezeichnet.

I 2 d) Skaldskaparmal

Zu Beginn der Skaldskaparmal wird berichtet, daß alle Götter zu einem Fest zu Ägir kommen.

Dann kamen die Asen herein zu ihrem Fest. Dann ließen sich die zwölf Asen, die zu richtern bestimmt worden waren, in ihren Hoch-Sitzen nieder: Dies waren Thor, Njörd, Freyr, Tyr, Heimdall, Bragi, Vidarr, Vali, Ullr, Hönir, Forseti und Loki. Auch die Asinnen Frigg, Freya, Gefiun, Idun, Gerdr, Sigyn, Fulla und Nanna kamen zu dem Fest.

Heimdall gehörte offensichtlich zu den „oberen Asen". Es fällt auf, daß Odin nicht in dieser Aufzählung vorkommt.
Da seltsamerweise Odin nicht anwesend ist, kann dies nicht dasselbe Fest sein, auf dem später Loki alle anwesenden Götter beleidigt (Lokasenna). Anscheinend wurde des öfteren bei Ägir gefeiert …

Zusammenfassung

Heimdall ist ein Ase.

I 3. Heimdall der Wächter auf der Regenbogenbrücke

I 3. a) Gylfis Vision

Die vollständigste Darstellung des Gottes Heimdall findet sich in dem zweiten Teil der Edda, die den Namen „Gylfis Vision" trägt.

Heimdall heißt einer, der auch der weiße Ase genannt wird. Er ist groß und hehr und von neun Mädchen, die Schwestern waren, geboren worden.
Er heißt auch Hallinskidi und Gullintanni, weil seine Zähne von Gold sind. Sein Pferd heißt Gulltopp.
Er wohnt auf Himinbiörg bei Bifröst. Er ist der Wächter der Götter und wohnt dort an des Himmels Ende, um die Brücke vor den Bergriesen zu bewahren.
Er bedarf weniger Schlaf als ein Vogel und sieht sowohl bei Nacht als bei Tag hundert Tagreisen weit; er hört auch das Gras in der Erde und die Wolle auf den Schafen wachsen, und auch alles, was einen stärkern Laut von sich gibt.
Er hat ein Horn, das Giallarhorn heißt, und bläst er hinein, so wird es in allen Welten gehört. Heimdalls Schwert heißt Haupt.
Von ihm heißt es (im Grimnir-Lied)*:*

Himinbiörg ist die achte, wo Heimdall soll
Der Weihestatt walten.
Der Götterwächter schlürft in schöner Wohnung
Selig den süßen Met.

Auch sagt er selbst in dem (nicht erhaltenen*) Lied „Heimdalls Zauber":*
Ich bin neun Mütter Sohn
und von neun Schwestern geboren.

Heimdall ist „Weiß", d.h. er leuchtet – er ist eine Umdeutung des ehemaligen Sonnengott-Göttervaters Tyr.
Die *„neun Schwestern"* sind die jenseitsgöttin, da die Zahl „9" von den Germanen als ein Adjektiv mir der Bedeutung „zum Jenseits gehörend" benutzt worden ist.
„Hallinskidi" bedeutet „Hallen-Ski" und bezeichnet wahrscheinlich das Schiff der Sonne, die durch die „Himmel-Halle" fährt. Schiffe werden in den Kenningarn sehr häufig als „Ski" umschrieben. Mit der Kenning *„Hallinskidi"* wurde auch der „Widder" bezeichnet, der offenbar in Zusammenhang mit dem Gott Heimdall gestanden hat.

Heimdall Goldene Zähne sind eine Weiterentwicklung des indogermanischen Vorstellung, daß die Sonne das Haupt des Sonnengott-Göttervaters ist.

„*Gulltopp*" bedeutet „Goldlocke". Da die beiden Rosse, die den Sonnen-Streiwagen ziehen, Schimmel mit goldener Mähne, goldenem Schweif und goldenen Hufen gewesen sind, reitet Heimdall offenbar eines dieser Sonnenrosse – was bestätigt, daß dieser Gott eine Umdeutung des ehemaligen Sonnengott-Göttervaters Tyr ist.

„*Himinbjörg*" bedeutet „Himmelsberg, Himmels-Hügelgrab, Himmelsburg", also ursprünglich „Schutzort am Himmel". Hier hat „Berg" noch die Bedeutung von „geborgener Ort". Der Besitzer des „geborgenen Ortes am Himmel" kann am ehesten der Sonnengott sein.

Die „*Bergriesen*" sind allgemein die Toten und spezieller die Vorfahren der Götter, also letztlich der ehemalige Sonnengott-Göttervater Tyr, der im Jenseits der „König der Riesen" gewesen ist. Bei der Umdeutung des Tyr zu Heimdall bei dessen Absetzung durch Thor und Odin um ca. 500 n.Chr. ist Heimdall selber zu einem Gegner des Tyr-Riesen umgedeutet geworden. Heimdall wurde somit sozusagen zu einem Gehilfen des Thor bei dessen Kampf gegen den König der Riesen (Thiazi, Geiröd, Hrungnir, Thrym usw.), also gegen Tyr.

Heimdalls Funktion als Wächter der Regenbogenbrücke erinnert an Tyr als Riesenbaumeister, der die Mauer rings um Asgard sowie das Tor in ihr erbaut hat. Anscheinend ist aus dem ehemaligen Sonnengott-Göttervater Tyr als dem Herrn der Jenseits-Himmelshalle sowohl Tyr als der Riese, der die Mauer rings um Asgard erbaut hat, als auch Heimdall als der Wächter an dem Tor in dieser Mauer, an der die Regenbogenbrücke endet, geworden.

I 3. b) Skirnir-Lied

In diesem Lied wird der Ase Heimdall von Skirnir mit „Wächter der Götter" umschrieben:

„*Du wirst weiter bekannt werden als der Wächter der Götter.*"

I 3. c) Lokasenna

In den „Zankreden des Loki", die auch „Ägirs Trinkgelage" genannt werden, beleidigt Loki alle Götter und Göttinnen so gut er kann – und das ist nicht wenig …

In einer „Nebenrolle" erscheint auch Heimdall:

Heimdall:
„*Trunken bist Du, Loki! Vertrankst den Verstand:*
Laß endlich ab, Loki,
Denn im Rausche reden die Leute viel
Und wissen nicht was."

Loki:
„*Schweig Du, Heimdal! In der Schöpfung Beginn*
Ward Dir ein leidig Los.
Mit feuchtem Rücken fängst Du den Tau auf
Und wachst: der Götter Wärter!"

Diese Schilderung des Heimdall bezieht sich vermutlich lediglich auf seine Wächterfunktion – der Morgentau sammelt sich auch auf dem Rücken der Wächter, die draußen in Nacht Wache halten.

I 3. d) Gylfis Vision

In „Gylfis Vision" in der Edda wird die Regenbogenbrücke, auf der Heimdall Wache hält, näher beschrieben:

Da frug Gangleri: „Wo geht der Weg vom Himmel zur Erde?"
Har antwortete und lachte: „Nun hast Du unklug gefragt. Hast Du nicht gehört, daß die Götter eine Brücke machten vom Himmel zur Erde, die Bifröst heißt? Die wirst Du gewiß gesehen haben; aber vielleicht nennst Du sie Regenbogen. Sie hat drei Farben und ist sehr stark und mit mehr Kunst und Verstand gemacht als andere Werke.
Aber so stark sie auch ist, so wird sie doch zerbrechen, wenn Muspels Söhne kommen, darüber zu reiten; und ihre Pferde müssen über große Ströme schwimmen."
Da sprach Gangleri: „Nicht dünkt es mich, daß die Götter die Brücke so fest gemacht haben, wenn sie zerbrechen mag; sie konnten sie doch so fest machen wie sie wollten."
Da antwortete Har: „Die Götter haben keinen Tadel verdient wegen dieses Werkes. Bifröst ist eine gute Brücke; aber kein Ding in der Welt mag bestehen bleiben, wenn Muspels Söhne geritten kommen."

Diese Beschreibung der Regenbogenbrücke erweckt den Eindruck, als ob sie aus Wasser wäre, da die Pferde der Riesen schwimmen müssen. Bifröst entspricht anscheinend nicht nur von ihrer mythologischen Funktion, sondern auch von ihrem „Material" her dem Jenseitsfluß Gjallar.

I 3. e) Grimnir-Lied

An einer anderen Stelle wird das Blau des Regenbogens als Wasser und das Rot als Feuer angesehen, was die Deutung der Regenbogenbrücke als Analogie zu dem Jenseitsfluß, durch den die Pferde schwimmen müssen, bestätigt.

Denn die Asenbrücke steht all in Lohe,
Heilige Fluten flammen.

I 3. f) Das andere Lied von Helgi Hundingstöter

In diesem Lied wird Heimdall „*Windhelm*" genannt – seine Brücke ist Bifröst.

Nun muß ich reiten die geröteten Wege,
Und mein Küsten-Roß über den Himmel lenken;
Westwärts gehe ich zu Windhelms Brücke,
Eh Salgofnir krähend das Krieger-Volk weckt.

Die „geröteten Wege" könnten der blutgetränkte Weg der gefallenen Krieger vom Schlachtfeld nach Walhalla sein. Es ist anzunehmen, daß hier auch eine Assoziation zur Morgenröte vorliegt.

Das „Küstenroß" ist ein Schiff – offenbar eine Entsprechung zu dem Schiff Hringhorni, in dem Baldur bestattet worden ist. Dieses Schiff fährt an den Himmel empor, d.h. Hogni wird zu einem Stern oder zu einem Begleiter der Sonne bzw. des Sonnengott-Göttervaters Tyr.

„Windhelm" wird ein Beiname des Gottes Heimdalls ein, da „Windhelm" offenbar auf der Brücke Bifröst am Himmel steht. Da er westwärts zu dieser Brücke geht, folgt er wohl der Nacht, die vor der aufgehenden Sonne nach Westen flieht. Die Nacht ist eine Analogie zu dem Jenseits, aus dem Hogni daher nur des Nachts herauskommen kann.

„Salgofnir" („der auf dem Hallen-Giebel sitzt") ist ein Hahn – wahrscheinlich auf Odins Saal Walhall.

In diesem Lied wird ein Gleichnis benutzt, daß die gefallenen Krieger der in das

Jenseits reisenden Sonne gleichsetzt:

Text	Krieger-Sonnen-Gleichnis	
	Gleichnis	
	Krieger	*Sonne*
gerötete Wege	Schlachtfeld	Abendrot
Küsten-Roß	Drachenschiff	Sonnen-Schiff
westwärts	Kurs des Schiffes	ins Jenseits (Sonnenuntergang im westen)
Salgofnir weckt die Krieger	Erwachen am Morgen	Ankunft im Jenseits

I 3. g) Gylfis Vision

Wenn der Ragnarök, also das „Ende der Welt" naht, warnt Heimdall die Asen vor der Ankunft der Riesen, die von dem Feuerriesen Surtur angeführt werden:

Und wenn sich diese Dinge begeben, erhebt sich Heimdall und stößt aus aller Kraft ins Giallarhorn und weckt alle Götter, die dann Rat halten.

Sowohl der Riese Surtur als auch der Ase Heimdall sind Umdeutungen des ehemaligen Sonnengott-Göttervaters Tyr. Beide Gestalten stehen sich hier als Feinde gegenüber.

I 3. h) Der Seherin Vision

Diese Szene wird auch in „Der Seherin Vision" erzählt:

Ins erhob'ne Horn bläst Heimdall laut;
Odin murmelt mit Mimirs Haupt.
Yggdrasil zittert, die ragende Esche;
Es rauscht der alte Baum, da der Riese frei wird.

I 3. i) Der Riese Vörnir

Der Name dieses Riesen ist eine Ableitung von „vörd" für „Wärter, Wächter, Beschützer". Vermutlich bezieht sich dieser Name auf Heimdall, der „vörd goda", also „Wächter der Götter" genannt wurde.

Da die Mythen des ehemaligen Sonnengott-Göttervaters Tyr bei dessen Absetzung um 500 n.Chr. durch Thor und Odin zerfallen sind, sind die ihre Bestandteile umgedeutet und in die neuen mythen, in denen Odin der nordgermanische Göttervater war, eingefügt worden. Der Riese Vörnis ist vermutlich im Zuge dieser Umdeutungen wie auch viele andere Tyr-Riese (Thiazi, Geirröd, Thrym, Hrungnir, Surtur u.a.) entstanden.

Die Umdeutung der auf der Regenbogenbrücke allmorgendlich aufsteigende Sonnengott-Göttervater Tyr zu dem Wächter der Regenbogenbrücke als dem Weg nach Asgard ist anscheinend anfangs noch nicht ganz eindeutig gewesen. Daher konnte der bereits zum Wächter umgedeutet Tyr-Heimdall auch noch zu einem Tyr-Riesen im Jenseits werden, der dann „Vörnir" genannt worden ist.

Während sich Heimdall als Regenbogenbrücken-Wächter jedoch zu einem sehr beliebten Motiv weiterentwickelt hat, haben sich um das Nebenmotiv des Tyr-Heimdall-Riesen Vörnir entweder keine Mythen ausgebildet oder sie sind bald schon wieder in Vergessenheit geraten.

I 3. j) Kenningar

Heimdall konnte als „Wächter der Regenbogenbrücke" umschrieben werden:

Heimdall	*Wächter der Brücke*		anonym	Odins Rabenzauber
Heimdall	*berühmter Verteidiger des Boden-Streifens der Götter*	Boden-Streifen der Götter = Regenbogenbrücke	Ulfr Uggason	Husdrapa

Anscheinend ist dieses Motiv so beliebt gewesen, daß es auch im Zuge der Christianisierung der Nordgermanan auch auf den christlichen Gott Vater übertragen worden ist. Normalerweise hat im Christentum Petrus und nicht Gott Vater die Position des Wächters am Tor zum Paradies inne.

Gott	Wächter des Himmels		anonym	Petrsdrapa (2x)
			anonym	Mariugrat-Drapa
			Kalfr Hallsson	Katrinardrapa (3x)
Gott	ruhmreicher Wächter des Himmels		anonym	Mariugrat-Drapa
Gott	aller-ruhmreichster Wächter des Himmels		anonym	Mariugrat-Drapa
Gott	gestaltender Wächter des Himmels		Arnorr Jarl-Skalde Thordarson	Magnusdrapa
Gott	Herrscher der Wagen-Brücke	Wagenbrücke = Bifröst = Himmel	Nikulas Bergsson	Jonsdrapa postula
Gott	Wächter des geraden Daches	gerades Dach = Himmel	anonym	Leidarvisan
Gott	Wächter des Sturm-Hauses	Sturm-Haus = Himmel	anonym	Liknarbraut
Gott	ruhmreicher Wächter des Weges der Sonne	Weg/Haus der Sonne = Himmel	anonym	Liknarbraut
Gott	vorzüglicher Wächter des Hauses der Sonne		Gamli Kanon	Harmsol
Gott	Wächter des Göttlichen		Kalfr Hallsson	Katrinardrapa
Gott	Wächter der Engel		Kalfr Hallsson	Katrinardrapa(2x)
			anonym	Mariugrat-Drapa
Gott	Wächter des Hofes des Ruhmes	Hof des Ruhmes = Jenseits-Himmel	anonym	Mariuvisur II
Gott	Wächter der Erde		anonym	Liknarbraut
Gott	ruhmreicher Wächter der Erde		Gamli Kanon	Harmsol
Gott	der viel-tapfere Wächter der Halle der Erde	Erd-Halle = Himmel	anonym	Leidarvisan
Gott	Wächter der Halle der Berge	Halle der Berge = Himmel	Gamli Kanon	Harmsol
Gott	Wächter der Welt		Kalfr Hallsson	Katrinardrapa (2x)
Gott	Wächter der Menschen		anonym	Mariugrat-Drapa
Gott	weiser Wächter der Menschen		Gamli Kanon	Harmsol
Gott	großer Wächter der Völker		Kalfr Hallsson	Katrinardrapa (2x)

Zusammenfassung

Heimdall ist der Wächter der Regenbogenbrücke und somit auch der Wächter der Asen selber. Bei der Umdeutung des ehemaligen Sonnengott-Göttervater Tyr als aufsteigende Sonne auf der Regenbogenbrücke in den Wächter auf der Regenbogenbrücke ist sozusagen als „Nebenprodukt" der Riese Vörnir („Wächter") in der Unterwelt entstanden.

Als Asen-Wächter schläft Heimdall fast gar nicht. Zudem kann er extrem gut hören und sehen.

Als Wächter auf der Regenbogenbrücke wird er auch „Windhelm" genannt – zum einen vermutlich, weile s dot oben auf dieser Brücke recht zugig sein wird, aber zum anderen möglicherweise auch, weil der Adler-Seelenvogel des Tyr („Hraesvelgr") mit seinen Schwingen den Wind verursacht und der Helm ursprünglich ein Symbol des Tyr gewesen ist. Heimdalls Halle „Himmels-Hügel" steht am Horoizont – dort, wo auch der Tyrs Adler-Seelenvogel Hraesvelgr sitzt. Diese Halle ist ursprünglich vermutlich das Hügelgrab der Sonne (Tyr) gewesen.

Der Opferplatz in Heimdalls Halle könnte ursprünglich der „Adler-Hügel", also das Hügelgrab des Tyr gewesen sein, auf dem dem ehemaligen Sonnengott-Göttervater Tyr in dessen Gestalt als Adler (größter Seelenvogel) geopfert worden ist.

Heimdalls Ursprung in Tyr läßt sich u.a. daran erkennen, daß Heimdall „weiß" (leuchtend" => Sonne) sowie groß und hehr (= ranghoch, wichtig) ist. Auch Heimdalls goldene Zähne sind eine Erinnerung an das Haupt des Tyr, das einst als die Sonne angesehen worden ist.

Das Schwert des Tyr ist golden „wie die Sonne" gewesen und erscheint in den Mythen u.a. als das Schwert des Tyr-Riesen Surtur. Da auch der Kopf des ehemaligen Sonnengott-Göttervaters als Sonne angesehen worden ist, sind nicht nur die Zähne des Heimdall golden geworden, sondern es konnte auch sein goldener Sonnen-Kopf dem goldenen Sonnen-Schwert gleichgesetzt werden, wodurch Heimdalls Schwert den Namen „Heimdalls Haupt" erhielt.

Heimdalls Beiname „Hallinskidi" („Hallen-Schiff") bezeichnet wahrscheinlich das Schiff, in dem die Sonne über den Himmel fährt. So wie „Heimdall" eine Umschreibung für Midgard ist, ist „Hallinskidi" eine Umschreibung für das Sonnenschiff – aus beiden Bezeichnungen aus den Tyr-Mythen sind Namen für das den zum Asen-Wächter umgedeuteten Tyr geworden.

Zu der früheren Gold-Sonne-Symbolik des Tyr gehört auch Heimdalls Roß „Goldlocke", dessen Ähnlichkeit mit den beiden goldmähnigen und goldhufigen Schimmeln vor dem Sonnen-Streitwagen des Tyr unübersehbar ist.

Aus dem goldenen Trinkhorn des Tyr ist das Trinkhorn des Heimdall geworden, daß mit der Zeit zu einem besser zu einem Wächter passenden Signalhorn geworden ist. Mit ihm warnt er die Asen bei der Ankunft der Riesen. In seiner Halle trinkt Heimdall aus diesem Horn jedoch noch immer den (Ritual-)Met.

Die neun Mütter dieses Asen ist die Jenseitsgöttin, da die „9" bei den Germanen ein Adjektiv mit der Bedeutung „zum Jenseits gehörig" gewesen ist. Diese Jenseitsgöttin hat einst an jedem Morgen die Sonne, d.h. den Gott Tyr, wiedergeboren.

Die Elemente aus den Mythen des Tyr, die fest in den Vorstellungen der Nordgermanen um 500 n.Chr. eingeprägt gewesen sind und sich daher nicht einfach auflösen ließen, wurden in die neuen, Odin-zentrierten Mythen aufgenommen und entsprechend umgedeutet.

Daselbe Verfahren haben dann später die christlichen Missionare angewandt, als sie Heimdalls Wächter-Funktion auf den Gott-Vater der Christen übertragen haben.

Innerhalb der christlichen Missioneirung nennt man dieses vErfahren „kontextuelle Missionierung". Offensichtlich war auch schon den germanschen Priestern und Skalden um 500 n.Chr. dieses effektive Verfahren zur Umgestaltung einer bestehenden Religion geläufig ...

I 4. Heimdalls Haupt

I 4. a) Skaldskaparmal

In der Skaldskaparmal wird eine Mythe oder ein mythologisches Motiv erwähnt, das nur in Bruchstücken erhalten geblieben ist.

Ein Schwert wird 'Heimdalls Haupt' genannt, denn es wird gesagt, daß er von dem Schädel eines Menschen durchbohrt wurde. Die Geschichte darüber wird im 'Zaubergesang des Heimdall' berichtet und seit jener Zeit wird ein Kopf auch 'Heimdalls Tod' genannt.

Der Zusammenhang zwischen dem Kopf und dem Schwert ist unklar – daher gibt es zu dieser Stelle viele verschiedene Übersetzungs- und Deutungsvorschläge.
Die Skaldskaparmal sagt nur wenig über diese Mythe aus, aber dieses wenige läßt sich genauer betrachten und mit anderen Mythen vergleichen:

- Heimdalls Kopf ist bzw. wirkt wie ein Schwert. Dies klingt, als ob Heimdall die Verkörperung eines Schwertes wäre bzw. als ob das Schwert eine wesentliche Eigenschaft des Heimdall darstellen würde.

- Heimdalls Kopf wurde gegen den Kopf eines Menschen geschlagen. Dies klingt nach einem Kampf. Eigentlich ist ein Mensch aber kein adäquater Gegner für einen Gott – und in der Regel kämpft Heimdall gegen Loki. Hat Loki vielleicht durch eine List dieses Szene arrangiert, um sein eigenes Ziel zu erreichen? Könnte dieses Ziel Freyas Brisingamen sein?
Da es über diese Mythe ein ganzes Lied mit dem Titel „Heimdalls Zauber" („Heimdalls Galdr") gegeben hat, muß es eine wichtige Mythe gewesen sein. Der Titel des Liedes erinnert sehr an „Odins Rabenzauber" („Hrafnagaldr Odinn") – auch in diesem Lied ist der Raub des magischen Gegenstandes einer Göttin (Iduns Äpfel) das Hauptthema.

- Die Kenning „Schicksal des Heimdall" für „Kopf" zeigt, daß durch den Zusammenstoß mit dem Kopf mit Heimdall etwas Wesentliches geschehen sein muß – vermutlich etwas, was im Sinne des Loki war … Heimdall war nach diesem Zusammenstoß sicherlich nicht tot, aber möglicherweise in irgendeiner Weise in dem, was er tun wollte, „behindert".

- Der einzige „Stoß am Kopf eines Gottes" in den germanischen Mythen ist der Splitter des Wetzsteines des Hrungnir in Thors Kopf. Die Szene, in der es der Seherin Groa nicht gelingt, diesen Stein aus Thors Kopf „herauszusingen", ist recht markant, da dies geschah, weil sie erfuhr, daß Thor ihren Mann aus dem Jenseits („Eliwagar") zurückgeholt hat.

Das „Singen" der Groa erinnert daran, daß der Kampf des Heimdall und des Loki an dem „Sing-Stein" auf einer Schäre stattfand. Groa ist die Mutter des Svipdag, der auch einer der „Jenseitsreise-Götter" ist – der ehemalige Sonnengott-Göttervater Tyr.

Der „Kopfstoß" des Gottes Heimdall könnte somit etwas mit seiner Jenseitsreise und auch mit seiner Suche nach Freyas Kette zu tun haben.

- Da ein Schwert als „Schicksal der Menschen" umschrieben werden konnte, scheint bei diesem Zusammenstoß auch etwas Wesentliches mit dem betreffenden Menschen geschehen zu sein – vermutlich sein Tod. Allerdings ist ein Schwert auch ganz ohne irgendwelche Mythen das (traurige) „Schicksal der Menschen".

- Das bekannteste Schwert der Götter ist das des Tyr, da dieser Gott auch „Schwert-Ase" genannt wird. Der indogermanische Göttervater Dhyaus ist bei den West-Indogermanen zu einem Schwertgott geworden (Tyr, Nuada, Papaios, Ares, Mars u.a.). Wenn sich Heimdall insbesondere durch seinen „Schwert-Kopf" auszeichnet, liegt der Verdacht nahe, daß Heimdall nicht nur mit Odin in Verbindung steht, sondern auch mit Tyr – und Tyr ist der ehemalige Göttervater, bevor Odin an seine Stelle trat.

Das goldene Sonnen-Schwert des Tyr-Surtur könnte über seine Assoziation zu dem Goldhelm des Tyr (und später des Odin) und zu den Goldzähnen des Heimdall dem Haupot des Heimdall gleichgesetzt worden sein. Dann wären das goldene Schwert, der goldene Schild, der Goldhelm und die Goldzähne allesamt Symbole der Sonne und konnten auch untereinander gleichgesetzt werden – wodurch dann das Schwert auch ein Kopf sein konnte.

- Heimdall wird in den überlieferten germanischen Mythen vor allem mit dem Tag, der Ordnung, dem Priestertum und dem Schutz der Götter assoziiert. Es wäre daher denkbar, daß er den Tyr des Tages, des Sommers und des Diesseits verkörpert, so wie Ullr aus dem Nacht-, Winter- und Jenseitsaspekt des Tyr entstanden ist.

Ein analoges Götterpaar findet sich bei dem keltischen Göttervater: der Zauberer-Göttervater Dag-da („Tages-Dyhaus") und der Schwertgott Nua-da („Wasser-Dhyaus"), der seinen wie Tyr seinen Arm verlor. Der arm- und schwertlose Göttervater bleibt in der Nacht in der Unterwelt, bis er sein Schwert neugeschmiedet hat und als Adler ins Diesseits zurückkehrt. Der keltische Sonnengott-Göttervater Dagda entspricht dem germanischen Sonnen- und Tagesgott Dag.

Die Szene, in der Nuada seinen Arm verliert, findet sich bei den Germanen in der abgebissenen hand des Tyr und in den durchgetrennten Kniesehnen des Wieland, der der ehemalige Göttervater Tyr als Schmied in der Unterwelt ist. Wieland wird auch als „König der Alfen", also als „Totenkönig" oder „Jenseitskönig" bezeichnet.

Die Verletzung, die durch Heimdals Schwert „Haupt" verursacht wird, könnte diese Verletzung des Tyr bei seinem Tod, d.h. bei seinem Eintritt in die Unterwelt sein.

- Es wäre, wenn diese Überlegungen zutreffen sollten, denkbar, daß der „Kopfstoß des Heimdall" ein Symbol für seinen Tod am Abend bzw. im Herbst gewesen ist. Auch in dem Lied „Odins Rabenzauber", dessen Titel dem des verschollenen Liedes „Heimdalls Zauber" so sehr gleicht, ist der Einbruch der Nacht und die drohende größere Nacht des Ragnarök, die durch Baldurs Tod herbeigeführt wird, beschrieben.

Die Sonnenschild-Symbolik ist auch auf Tyrs Schwert übertragen worden, sodaß beide Waffen des ehemaligen Göttervaters golden wie Sonne waren und wie diese leuchteten. Wenn nun Tyrs Haupt als Sonne angesehen worden ist und die Sonne seinem Schild und seinem Schwert gleichgesetzt wurde, dann ist es verständlich, daß Heimdall goldene Zähne hat und sein Kopf als „Schwert" umschrieben werden konnte – Tyrs Haupt, Heimdalls Kopf, Tyrs Schild und Tyrs Schwert waren alles Bilder für die Sonne bzw. für das Verhältnis zwischen Göttervater und Sonne.

I 4. b) Skaldskaparmal

Der Kopf eines Mannes wird folgendermaßen genannt und sollte so umschrieben werden: nenne ihn 'Mühe oder Last des Halses', 'Land des Helmes', '(Land) der Kapuze', '(Land) des Hirns', '(Land) der Haare und der Augenbrauen', '(Land) des Skalps', '(Land) der Ohren', '(Land) der Augen', '(Land) des Mundes'; 'Schwert des Heimdall', und es ist korrekt, jegliche Umschreibung für 'Schwert' zu benutzten, die man möchte, und (es ist auch korrekt,) den Kopf mit jedem der Namen des Heimdall zu umschreiben; oder einfache Begriffe wie Schädel, Hirn, Stirn oder Krone zu benutzten.

Offenbar ist nicht nur ein Schwert der *„Kopf des Heimdall"*, sondern auch ein Kopf *„Heimdalls Schwert"*. Diese beiden Kenningar ergeben nur einen Sinn, wenn Heimdalls Kopf tatsächlich ein Schwert ist oder die Funktion eines Schwertes ausüben kann oder wenn Kopf und Schwert aufgrund einer gemeinsamen Eigenschaft als austauschbare Begriffe, d.h. als „Heiti" füreinander verwendet werden können. Diese gemeinsame Eigenschaft ist die Gleichsetzung des Kopfes des Heimdall und seines Schwertes mit der Sonne.

Heimdall ist offensichtlich ein Schwertgott.

I 4. c) Landnahmebuch

In dieser Chronik über die Besiedlung Islands finden sich vier Verse, in denen ein Kopf als „Heimdalls Schwert" umschrieben wird.

Ich meide der berühmten Männer Treffen,
Ich ziehe in das Waldland
und schütze mein Leben; ich muß gut
auf das Schwert des Heimdall achten.

Mit dem „Schwert des Heimdall" meint der Sänger dieser Verse seinen eigenen Kopf, den er nicht im Streit mit anderen Männern verlieren möchte.

I 4. d) Hattatal

In diesem „Lehrbuch für angehende Skalden", der der 4. Teil von Snorris Edda ist, benutzt Snorri eine Kenning, in der ein Schwert mit *„Heimdalls Kopf"* umschrieben wird: *„Vindlers Helm-Füller"*. Der Name *„Vindler"* ist eine Bezeichnung des Heimdall und bedeutet in etwa „Windgott". Das, was den Helm füllt, ist der Kopf dessen, der den Helm trägt.

I 4. e) Kormak-Saga

In dieser Saga findet sich ein indirekter Hinweis auf die Assoziation zwischen Heimdalls Haupt und dem Schwert:

Dann legten sie seinen Schild zu seinen Füßen und sein Schwert an sein Haupt und legten seinen Mantel über ihn.

Dieses Arrangement steht in der germanischen Mythologie nicht isoliert da: Der Kopf des Gottes Heimdall wird als „Schwert" bezeichnet und der Riese Hrungnir steht auf seinem Schild – und sowohl Heimdall als auch Hrungnir sind umgedeutete Formen des ehemaligen Göttervaters Tyr, dessen Waffen Schwert und Schild sind.

I 4. f)   Die Saga über Thorstein Haus-Macht

In dieser Saga wird das glühende Eisen aus der Geirröd-Mythe, mit dem sich der Gott Thor und der Tyr-Riese Geirröd gegenseitig bewerfen, als goldene Kugel beschrieben. In der Geirröd-Mythe entsteht aus diesem Eisen Thors Hammer – ursprünglich ist dieses Eisen das zerbrochene Schwert des Tyr-Geirröd gewesen, daß er in der Unterwelt neuschmeidet. An diese Symbolik des Sonnen-Schwertes des Tyr knüpft auch das Motiv der glühenden goldenen Kugel der Geirröd in dieser Mythe an, die wiederum möglicherweise dem „Schwert des Heimdall" entspricht, da sie als „goldene Kugel" ein Symbol der Sonne ist.

Thorstein befindet sich zusammen mir König Geirröd bei dem Hochkönig Gudmund von Glasivellir. Beide Könige sind Saga-Varianten des ehemaligen Göttervaters Tyr. Bei dem Fest in der Halle des Gudmund kommt es zu einem Streit.

Thorstein besaß einen Stein, der ihn unsichbar machte.

Die vollständige Saga findet sich in dem Band 79 dieser Reihe: „Mythologische Sagas".

Jokull griff einen Stierknochen und warf ihn auf Godmunds Männer. Thorstein sah dies und ergriff ihn im Flug und warf ihn zurück und traf Gustar mitten im Gesicht, sodaß seine Nase brach und ihm alle Zähne ausgeschlagen wurden und er ohnmächtig niederfiel.

Thorsteinn ist unsichtbar mit zu dem Fest gekommen.

Der Name „Gustar" bedeutet „kalter Windstoß" (englisch „gust"). Er gehört offenbar zu derselben Riesen-Sippe wie Jokul („Eiszapfen") und Frosti („Frost").

Der Streit zwischen Godmunds Männern und Agdis Männern könnte eine Variante des Streites zwischen Thor und Geirröd sein. Dann gäbe es folgende Entsprechungen zwischen diesen Männern:

	Die beiden Streit-Parteien		
Charakter	*Geirröd-Mythe*	*Thorsteinn-Saga*	*Ursprung*
Partei 1	Thor	Godmund	Tyr
	Begleiter Loki	Junker Fullsterk	seine beiden Pferde-Söhne
	Begleiter/Priester Thialfi	Junker Allsterk	
Partei 2	Geirröd	Agdi	Tyr
	Tochter/Riesin Grip	Gefolgsmann/Riese Jokul	Freya
	Tochter/Riesin Gjalp	Gefolgsmann/Riese Frosti	Frigg

Der ehemalige Göttervater Tyr mit seinen beiden Pferde-Söhnen (Alcis) wurde in der Thorsteinn-Saga zu Godmund und seinen beiden Begleitern. In der Geirröd-Mythe hat Thor diese Helden-Rolle übernommen und die beiden Söhne des Tyr durch Loki und Thilafi ersetzt.

Der ehemalige Göttervater Tyr mit seinen beiden Frauen Freya und Frigg, die die zweifache Göttin des Diesseits und des Jenseits waren, wurde in der Geirröd-Mythe zu Geirröd und seinen beiden Töchtern Grip und Gjalp. In der Thorsteinn-Saga behielt Geirröd den Charakter des „guten Gottes" und wurde zum „guten König". Die Rolle des Gegners übernahmen der Riesen-Jarl mit seinen beiden Riesen-Begleitern Jokul und Frosti.

König Geirröd wurde wütend und frug, wer dort Knochen über die Tafel warf. Er sagte, daß sie, bevor alles vorüber sei, herausfinden würden, wer der Stärkste im Steinewerfen sei.
Der König rief zwei Männer, Drott und Hosvi, herbei und sagte zu ihnen: „Geht und nehmt meine Goldkugel und bringt sie herbei."

Der Name „Drott" bedeutet „Kriegerschar, Gefolge" und der Name „Hosvi" bedeutet vermutlich „Haus-Priester" oder „Ergrauter". Offensichtlich sind die Namen in dieser Saga alle sehr bewußt gewählt worden.

Sie gingen fort und kehrten mit dem Kopf eines Seehundes zurück, der zehn Fjortunge wog. Er glühte und sprühte Funken wie eine Schmiede-Esse und aus ihm troff Fett wie glühendes Pech heraus.

Leider ist nicht bekannt, wieviel Gramm einem Fjortung („Vierzehner") entsprechen.

Dieser glühende „Seehund-Kopf" erinnert an Heimdalls Seehund-Gestalt bei seinem Kampf mit Loki sowie daran, daß Heimdalls goldenen Zähne ein Symbol der Sonne gewesen sind – ursprünglich ist offenbar Heimdalls gesamter Kopf der Sonne verglichen worden.

Der König sagte: „Nehmt nun diese Kugel und werft sie einander zu. Wer sie fallenläßt, soll ein Ausgestoßener werden und all seine Besitztümer verlieren, und jeder, der nicht teilzunehmen wagt, soll ein Feigling heißen."
Da warf Dottur die Kugel zu Fullsterk. Er schnappte ihn mit einer Hand. Thorsteinn sah, das ihm seine Kraft nicht reichte und griff nach dem Ball. Sie warfen ihn zu Frosti, der am weitesten von der Bank der Krieger entfernt saß.

Die „Krieger" sind Godmund und sein Gefolge.
Thorsteinn hilft nun unsichtbar den Männern des Godmund.

Frosti fing die Kugel mit mächtiger Kraft auf, aber sie kam seinem Gesicht so nahe, daß sein Wangenknochen brach. Er warf die Kugel nach Allsterk.
Dieser fing sie mit beiden Händen, aber er hätte sich nach hinten übergebeugt, wenn Thorsteinn ihm nicht geholfen hätte.
Allsterk warf die Kugel schnell nach Jarl Agdi, der sie mit beiden Händen auffing. Fett tropfte in seinen Bart und setzte ihn in Brand, weshalb er ihn schnell loswerden wollte und ihn nach König Godmund warf.
Godmund wiederum warf ihn nach König Geirröd. Er wich ihm aus und die Kugel traf Drottur und Hosvir und tötete beide. Die Kugel flog durch ein Glasfenster und hinaus in den Graben, der rings um die Stadt gezogen worden war. Dort loderten nun Flammen empor.
Da war das Spiel vorbei.

Das Hin- und Herwerfen des glühenden Eisens zwischen Thor und Geirröd ist hier zu einer längeren Szene ausgebaut worden.
Thors Wurf des Eisenstückes durch eine Säule in der Halle des Geirröd erscheint in der Thorsteinn-Saga als Wurf der Kugel durch ein Fenster der Halle.
Der Tod der beiden Diener des Geirröd durch den Wurf des Godmund entspricht in der Geirröd-Mythe dem Tod der beiden Riesinnen durch Thor, der in der Thorsteinn-Saga dem Godmund entspricht.
Das Hin- und Herwerfen der glühenden, goldenen Kugel ist zudem eine Assoziatin zu dem Lauf der Sonne.
Die Bezeichnung der Kugel als „Seehund-Kopf" ist eine Assoziation zu Heimdall, der die Gestalt eines Seehundes annehmen konnte und dessen Kopf (bzw. dessen goldene Zähne) auch als Sonne angesehen wurde.

Zusammenfassung

Das Haupt des ehemaligen Sonnengott-Göttervaters Tyr wurde als Sonne angesehen und ebenso seine goldenen Zähne, sein goldener Helm, sein goldener Schild und sein goldenes Schwert. Daher ergab sich, daß man den Kopf des Tyr seinem Schwert gleichsetzen konnte: „Schwert = Sonne" + „Kopf = Sonne" => „Kopf = Schwert".

Daher konnte ein Schwert als „Heimdalls Kopf" bezeichnet werden und auch ein Kopf als „Heimdalls Schwert" umschrieben werden.

Da Schwerter den Tod, d.h. das (Todes-)Schicksal brachten, ergab sich in einer zweiten Stufe auch die Schwert-Kenning „Schicksal des Heimdall", die zu „Schicksal der Menschen" verallgemeinert werden konnte. Bei diesen beiden Kenningar spielte es sicherlich auch eine Rolle, daß Tyr nur mit seinem eigenen Schwert getötet werden konnte (siehe „Schwert" in Band 66 „Magische Waffen").

Ob man Snorri Sturlusons Deutung, nach der Heimdalls Schwert oder heimdalls Kopf gegen den Kopf eines Menschen geschlagen wird, Glauben schenken darf, ist zweifelhaft.

Die glühende goldene Sonnen-Kugel des Königs Gudmund (Tyr im Jenseits) wurde auch als „Seehund-Kopf" bezeichnet. Auch sie ist mit Heimdall verbunden, da Heimdall und Loki in der Gestal von zwei Seehund miteinander um die „Meeres-Niere" (Brisingamen, Sonne) gekämpft haben.

Aus all dem ergibt sich, daß Heimdall als Schwertgott und als Sonnengott aufgefaßt worden ist, was wiederum seine Deutung als eine Anpassung einiger Apekte des ehemaligen Sonnengott-Göttervaters Tyr an die neuen, Odin-zentrierten Mythen bestätigt.

I 5. Heimdalls neun Mütter

I 5. a) Die Vision der Seherin

In der folgenden Strophe ist „Ulfrunas Sohn" eine Umschreibung für Heimdall. Der Name „Ulfruna" bedeutet „Wolf-Rune" oder „Wolfs-Geheimnis").

Auf standen die Herrscher und die Alfenbestrahlerin;
Die Nacht sank nördlich gen Nifelheim.
Ulfrunas Sohn stieg Argiöl hinan,
Der Hornbläser, zu den Himmelsbergen.

„Ulfrunas Sohn" und auch der „Hornbläser" ist der Gott Heimdall, der die Regenbogenbrücke hinaufsteigt, die hier „Argiöl" genannt wird, was „Adler-Schreie" bedeutet und wohl eine Anspielung auf den am Morgen wiedergeborenen Sonnengott-Göttervater Tyr und dessen Adler-Seelenvogel ist.

I 5. b) Hyndla-Lied

Im Hyndla-Lied werden einige Dinge über Heimdalls ungewöhnliche Geburt und über seinen Charakter berichtet:

Geboren ward einer am Anfang der Tage,
Ein Wunder der Stärke, göttlichen Stamms.
Neune gebaren ihn, der Frieden verlieh'n hat,
Der Riesentöchter am Erdenrand.

Gialp gebar ihn, Greip gebar ihn,
Ihn gebar Eistia und Angeyja,
Ulfrun gebar ihn und Eyrgiafa,
Imd und Atla, und Jarnsaxa.

Dem Sohn mehrte die Erde die Macht,
Die Windkalte See und die Sonnenstrahlen.
Vieles erwähnt ich, mehr noch weiß ich;
Wißt und bewahrt es: Wollt ihr noch mehr?

Die *„neun Riesentöchter"*, die den Heimdall gebaren, sind die Töchter der Riesin und Meeresgöttin Ran. Er wurde nicht nur von Riesinnen geboren, sondern auch im Riesenland Utgard *„am Erdenrand"* geboren – Heimdall ist also in jeder Hinsicht ein „Kind des Jenseits". Dort am Horizont befindet sich auch die Halle des Heimdall und dort sitzt auch der Adler-Seelenvogel Hraesvelgr des ehemaligen Sonnengott-Göttervaters Tyr.

Die neun Riesinnen, die hier aufgezählt werden, sind nicht immer dieselben, aber es sind stets Riesinnen und sie werden meistens als die Töchter der Ran aufgefaßt.

Die beiden Riesinnen Gjalp und Greip erscheinen auch als Töchter des Tyr-Riesen Geirröd. Die neun Riesinnen wurden zudem als die Töchter des Tyr-Riesen Ägir aufgefaßt. Da allgemein die Götter-Mütter zu Götter-Töchtern umgedeutet worden sind, ist anzunehmen, daß die Mutter des Heimdall, des Geirröd, des Ägir und somit allgemein des ehemaligen Sonnengott-Göttervaters Tyr die „9 Göttinnen", d.h. die „Jenseits-Göttin" gewesen sind.

Die Riesin Jarnsaxa („Eisenmesser") ist ebenfalls eine Jenseitsgöttin. Sie wurd als „Mutter der Wölfe" beschrieben. Tyr ist der Gott der Ulfhedinn (Wolfs-Ekstasekrieger) und der Vater der der beiden Wolfskrieger („Alcis"), die um 500 n.Chr. zu den beiden Wölfen des Odin umgedeutet worden sind. Da Tyr selber als Gott der Wolfskrieger selber der größte aller Wolfskrieger („Ulfhedinn") gewesen sein muß, wird er mit Fenrir identisch gewesen sein. Die Mutter des Tyr-Heimdall konnte somit als „Wolfsmutter" bezeichent oder umschrieben werden.

Schließlich ist Heimdall noch der „Sohn der Erde". So wird ansonsten eher Thor beschrieben. Da die Erde generell mit der Unterwelt gleichgesetzt worden ist, ist Heimdall als „Sohn der Erde" auch ein Gott, der aus der Unterwelt kommt bzw. bei seiner Wiedergeburt aus ihr zurückkehrt (Sonne, Tyr).

Da Heimdall als von *„göttlichem Stamm"* bezeichnet wird, muß sein Vater ein Ase sein.

Heimdall muß zudem einer der allerersten Götter sein, da er *„am Anfang der Tage"* geboren wurde. Möglicherweise ist der „Anfang der Tage" auch ein „Anfang des Tages" – dann wäre dies auch eine Umschreibung für den Sonnenaufgang?

Die Aussage *„der Frieden verliehen hat"*, ist ein Charakterzug, der zu einem Priestergott passen würde und Ähnlichkeit mit Baldur hat, der seinerseits ebenfalls auf Tyr zurückgeht.

Seine Bezeichnung als *„ein Wunder an Stärke"* läßt hingegen eher an Thor denken – man könnte vermuten, daß Heimdall nicht nur ein reiner, heller und strahlender Priester-Gott gewesen ist, sondern auch noch die Kraft besaß, diese Qualitäten in der Welt zu verwirklichen. Heimdall erinnert ein wenig an den griechischen Apollon.

Diese große Macht scheint Heimdall von der Erde, der See und der Sonne erhalten. Sie sind die die Erdgöttin (Hügelgrab-Jenseits – Hel), die Meeresgöttin (Wasserunterwelt – Ran) und der Vater des Tyr-Heimdall, der alte Sonnengott-Göttervater am

Abend, der sich in der Nacht mit der Jenseitsgöttin wiederzeugt.

I 5. c) Kenningar

Diese Herkunft des Heimdall wird von zwei Kenningarn bestätigt:

| **Heimdall** | *Ulfrunas Sohn* | | anonym | Odins Rabenzauber |
| **Heimdall** | *Sohn von acht-und-einer Mutter* | | Ulfr Uggason | Husdrapa |

Zusammenfassung

Heimdall ist der Sohn der Riesin Ulfruna, die auch als „9 Riesinnen", d.h. als Jenseitsgöttin erscheint. Ulfruna, deren Name „Wolfs-Geheimnis" bedeutet, ist mit Jarnsaxa identisch, die benfalls eine seiner neun Mütter ist. Sie ist die Mutter der Wölfe und somit auch die Mutter des Tyr-Heimdall, der als der Gott der Wolfs-Ekstasekrieger der Riesen-Wolf Fenrir ist. Auch Tyrs zwei Söhne („Alcis") können als Wölfe erscheinen.

Im Zusammenhang mit dem Tyr-Riesen Ägir sind aus den „9 Müttern" bereits „9 Töchter" geworden. Auch die beiden Riesinnen Gjalp und Greip, die zu den „9 Müttern" des Heimdall zählen, erscheinen als Töchter des Tyr-Riesen Geirröd.

Heimdall ist der Sohn eines Asen, womit der alte Tyr gemeint sein wird, der am Abend stirbt und sich in der Unterwelt zusammen mit der Jenseitsgöttin selber wiederzeugt. Daher erhält Heimdall seine Macht aus der Erde (Erd-Unterwelt – Hel), aus der See (Wasserunterwelt – Ran) und von der Sonne (alter Tyr).

Als Weiterbildung und Umdeutung des ehemaligen Sonnengott-Göttervaters wird er noch immer am Anfang des Tages am Rand des Himmels wiedergeboren – er ist die am Morgen aufsteigende Sonne.

Da Heimdall seine Wurzeln in dem ehemaligen Göttervater und Kriegs- und Schwertgott Tyr hat, ist er auch ein „Wunder an Stärke", die er jedoch Friedenbringend nutzt.

I 6.   Heimdalls Horn

I 6. a)   Der Seherin Vision

In diesem umfassendsten aller germanischen Lieder wird ein interessantes Detail über Heimdalls Horn berichtet:

Ich weiß Heimdalls Horn verborgen
Unter dem himmelhohen heiligen Baum.
Einen Strom seh ich stürzen mit starkem Fall
Aus Walvaters Pfand: wißt ihr, was das bedeutet?

Der Weltenbaum ist vor allem die Verbindung zwischen Himmel und Erde und somit zwischen Diesseits und Jenseits sowie zwischen Menschen und Ahnen/Göttern. Mit diesem Weg zwischen den beiden Welten steht das Gjallarhorn auf zweifache Weise in Verbindung: Heimdall steht auf der Regenbogenbrücke und das Horn liegt unter den Wurzeln des Weltenbaumes verborgen – und es trägt denselben Namen „Gjallar" wie der Jenseitsfluß. Das Gjallarhorn gehört folglich zum Jenseitsweg.

Die genaue Ortsangabe des Gjallarhornes „unter dem himmelhohen heiligen Baum" ist auffällig, denn unter dem Weltenbaum wohnen die Nornen. Es hat den Anschein, als ob sie das Gjallarhorn in Verwahrung hätten – ähnlich wie Gunnlöd den Göttermet und Idun die magischen Äpfel, die das Leben und die Jugend der Götter erhalten.

Dieses Horn erinnert an die Luren genannten Blashörner aus der germanischen Frühzeit (1300-600 v.Chr.), die in Ritualen benutzt wurden. Die Hörner als rituelles Blasinstrument und als Trinkgefäß für den Göttermet könnten evtl. beiden denselben Ursprung haben.

„*Walvaters Pfand*" ist die Quelle Hvergelmir („brodelnder Kessel") zwischen den Wurzeln des Weltenbaumes, aus dem ein „*Strom*" entspringt. „Walvater" („Totenvater") ist Odin. Er hat dem Riesen Mimir („Erinnerung") eines seiner beiden Augen dafür gegeben, um Weisheit zu erlangen. Dieses Auge legte Mimir in die Quelle Hvergelmir. Da diese Quelle der Eingang in die Unterwelt war, konnte Odin ab diesem Augenblick mit seinem geopferten und daher „toten Auge" nun auch in das Reich der Toten unter Erde sehen – was die wesentlichste Fähigkeit eines Schamanen und eines Schamanengottes ist.

Mimir ist eine der vielen Gestalten des Tyr in der Unterwelt. Die Übergabe seiner Weisheit an Odin ist ein Teil der Umgestaltung der alten Tyr-zentrierten Mythen in die neuen, Odin-zentrierten Mythen.

Das germanische Wort „hljodas", das in dieser Strophe mit „Horn" übersetzt worden ist, bedeutet eigentlich „Hören" und wird sonst nirgendwo im Sinne von „Horn" benutzt. Vermutlich ist hier „das, was man hört" gemeint.

Heimdalls Horn erscheint hier somit sowohl als Signalhorn („hören") als auch als Triunkhorn, aus dem ein „Strom", d.h. vermutlich der Göttermet fließt.

I 6. b) Gylfis Vision

Der Eigner des Brunnens heißt Mimir, und ist voller Weisheit, weil er täglich von dem Brunnen aus dem Giallarhorn trinkt. Einst kam Allvater dahin und verlangte einen Trunk aus dem Brunnen, erhielt ihn aber nicht eher, bis er sein Auge zum Pfand setzte.

Am Anfang der Beschreibung des Weltenbaumes in „Gylfis Vision" wird gesagt, daß das Gjallarhorn ein Trinkhorn ist, mit dem Mimir täglich aus Hvergelmir, dem Brunnen der Weisheit trinkt. Man kann das Gjallarhorn also als den Nachfolger der beiden Goldhörner von Gallehus ansehen.

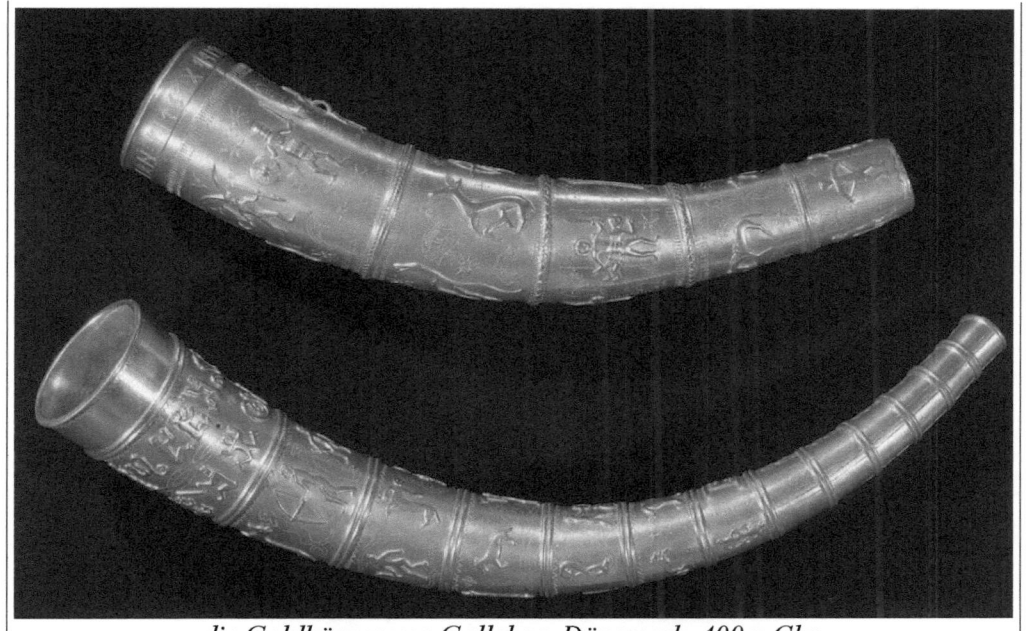

die Goldhörner von Gallehus, Dänemark, 400 n.Chr.

Vermutlich haben sich im Gjallarhorn das Horn als Trinkgefäß und als Musikinstrument vermischt – auch wenn dies eigentlich „technische Probleme" mit sich bringt, da das Instrument an der Hornspitze abgesägt worden ist, damit man dort hineinblasen kann, und ein Trinkhorn möglichst dicht sein sollte ... Solche Details stören aber im allgemeinen die Entwicklung eines mythologischen Symboles nicht allzusehr.

Vermutlich ist es kein Zufall, daß das Trinkhorn, das Signal-Horn, der Jenseitsfluß und die Brücke über den Jenseitsfluß alle „Gjallar" („Tosender, Tönender") heißen. Der Gjallar-Fluß trennt Diesseits und Jenseits, die Gjallar-Brücke verbindet Diesseits und Jenseits, der Trank aus dem Gjallarhorn wird bei rituellen Jenseitsreisen getrunken und das Gjallarhorn wird von Heimdall auf der Regenbogenbrücke benutzt, die wie die Gjallarbrücke Diesseits und Jenseits miteinander verbindet.

Der Tyr-Riese Mimir trinkt täglich mithilfe des Gjallarhorns aus seiner Quelle. Das Horn ist offensichtlich vor allem ein Trinkhorn. Da auch Odin mithilfe dieses Hornes aus Mimirs Quelle trank, kann es auch „Odins Gjallarhorn" genannt werden.

I 6. c)   Odins Rabenzauber

In diesem Lied wird Heimdalls Horn deutlich als Signalhorn aufgefaßt.

Da fuhr hinweg der Führer der Gruppe,
Der Hüter von Herians gellendem Horn.

Das Verb „gjallar" ist hier mit „gellen" übersetzt worden.

I 6. d)   Der Seherin Vision

Das Gjallarhorn scheint eng mit dem Weltenbaum verbunden gewesen zu sein, da sich in der Völuspa noch eine zweite Stelle findet, in der beides nebeneinandersteht:

Mimirs Söhne tanzen, der Mittelstamm entzündet sich
beim gellenden Ruf des Giallarhorns.
ins erhob'ne Horn bläst Heimdall laut –
Odin murmelt mit Mimirs Haupt.

Der „*Mittelstamm*" ist Yggdrasil, der in der Mitte der Welt steht. Vermutlich ist er von Surts Falmme entzündet worden.

Da Odin Mimirs Haupt im Allgemeinen an der Quelle Hvergelmir zwischen den Wurzeln der Weltesche um Rat fragt, sitzt Odin jetzt unter dem brennenden, himmelhohen Baum und beschwört den Geist des Riesen Mimir, mithilfe von dessen Totenschädel (siehe „Mimir" in Band 6).

I 6. e) Kenningar

In dem Lied „Odins Rabenzauber" wird Heimdall einmal *„Bläser des Gjallar-Horns"* und einmal *„Hüter des Gjallar-Horns des Herian"* genannt. „Herian" ist eine Umschreibung für „Odin".

I 6. f) Das Gosforth-Kreuz

Auf dem ca. von 900 n.Chr. stammenden christlich-germanischen Gosforth-Kreuz aus Cumbria in Großbritannien ist ein Mann mit Speer und Horn zu sehen, bei dem es sich möglicherwesie um Heimdall handelt.

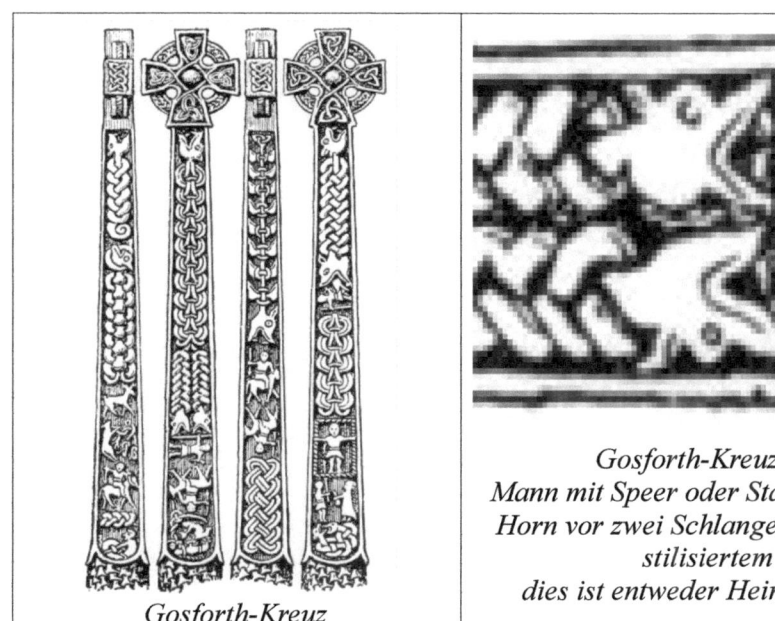

Gosforth-Kreuz

Gosforth-Kreuz (Detail):
Mann mit Speer oder Stab sowie mit einem Horn vor zwei Schlangen oder Wölfen mit stilisiertem Leib;
dies ist entweder Heimdall oder Odin

Zusammenfassung

Bis 500 n.Chr. ist das goldene Trinkhorn im Besitz des Tyr gewesen. Auch seine beiden Alcis-Söhne haben zwei etwas kleinere Tronkhörner besessen, die auch im Kult verwendet wurden, wie die beiden Goldhörner von Gallehus zeigen.

Bei der Umgestaltung der Mythen um 500 n.Chr. nach der Absetzung des Tyr durch Thor und Odin kam das Weisheit spendende Trinkhorn zunächst in den bsitz des Tyr-Riesen Mimir, von dem Odin dessen Weisheit übernahm – durch den Trank aus dessen Horn und durch das Gespräch mit dem Totenschädel des Mimir.

Die Aspekte des Tyr, die zu dem Gott Heimdall umgestaltet wurden, bleiben ebenfalls mit dem Trinkhorn des Tyr verbunden. Da Heimdall jedoch von dem auf dem Regenbogen ausfsteigenden Sonnengott zum Wächter auf der Regenbogenbrücke umgedeutet wurde, wurde auch sein Trinkhorn zu einem Signalhorn, mit dem er die Asen bei drohender Gefahr warnt.

I 7. Heimdalls Halle

I 7. a) Gylfis Vision

An dieser bereits zitierten Textstelle wird Heimdalls Halle „Himinbjörg" genannt:

Er wohnt auf Himinbiörg bei Bifröst. Er ist der Wächter der Götter.

I 7. b Gylfis Vision

Heimdalls Halle wird von Snorri Sturluson noch ein zweites mal erwähnt:

Da ist auch ein Bau, der Himinbiörg heißt, der steht an des Himmels Ende, da wo die Brücke Bifröst an den Himmel reicht.

Der Name „*Himinbiörg*" der Halle des Heimdall bedeutet „Himmelsberg". Dieser Berg könnte zum einen ein zentraler Berg sein, der in der Mitte der Welt Himmel und Erde verbindet – wie der Olymp der Griechen oder der Berg Meru der Inder. Allerdings ist ein solcher Berg von den Germanen nicht bekannt – in der Mitte der Welt steht stattdessen der Weltenbaum.

Himinbjörg ist daher der Schutzort oder die Heimat des Tyr-Heimdall. Da ein „björg" auch ein Hügelgrab bezeichnen konnte, liegt diesem Namen evtl. auch die Vorstellung zugrunde, daß die Sonne (Tyr) am Abend in einem Hügelgrab bestattet worden ist und am Morgne aus diesem Hügelgrab zurückkehrt.

Heimdalls Halle „Himmelsberg" entspricht somit der Halle des Tyr-Hymir-Thiazi und dem Sitzplatz des Riesen-Adlers Hraesvelgr, der bis 500 n.Chr. der Seelenvogel des Göttervaters Tyr und gewesen ist. Dieser Adler sitzt am Himmelsrand – also dort, wo die Sonne auf- und untergeht und wo sich auch die Halle des Heimdall befindet. Heimdalls Halle ist daher vermutlich mit dem „Arhaug" („Adler-Hügel"), also dem Opferplatz für den Seelenvogel des Tyr identisch. Dieser Opferplatz wird in verschiedenen Mythen und Sagas erwähnt (siehe „Adler" in Band 40), von denen das Stier-Opfer von Odin, Hönir und Loki an den Adler des Tyr-Thiazi am bekanntesten sein wird.

I 7. c) Grimnir-Lied

Snorri bezieht sich auf das Grimnir-Lied, in dem bei der Aufzählung der Asen-Hallen der Saal des Heimdall als achtes aufgezählt und beschrieben wird:

Himinbiörg ist die achte, wo Heimdall soll
Der Weihestatt walten.
Der Götterwächter schlürft in schöner Wohnung
Selig den süßen Met.

Zusammenfassung

Heimdalls Halle ist aus dem Hügelgrab des Tyr weiterentwickelt worden, das am Rand des Himmels liegt. Dort sitzt auch der Adler-Seelenvogel und dort steht auch Heimdalls Halle Himinbjörg, der „Himmels-Hügel". Dort am Horizont endet auch die Regenbogenbrücke, die aus der Unterwelt heraus hinauf nach Asgard führt.

I 8. Heimdalls Roß

I 8. a) Gulltop, Gullfaxi, Svadilfari und Sleipnir

Das Roß *„Gulltop"* („Goldlocke") des Heimdall, das Roß *„Gullfaxi"* („Goldmähne") des Tyr-Hrungnir und das Roß *„Svadilfari"* („Dahingleitender") des Riesenbaumeisters (=Tyr), das der Vater von Odins *„Sleipnir"* (Gleitender") ist, werden alle dasselbe Pferd sein, da ihre Besitzer lediglich verschiedene Gestalten des Tyr im Jenseits sind.

Sleipnir hat acht Beine und ist offensichtlich aus der Zusammenfassung der beiden Rosse vor dem Streitwagen des ehemaligen Sonnengott-Göttervaters Tyr, Odins Vorgänger auf dem Asen-Thron, entstanden. Aus den beiden Tyr-Söhnen („Alcis") als Wolfs-Krieger und als Seelenvögel sind in entsprechender Weise Odins zwei Wölfe und Odins zwei Raben geworden.

Die beiden Rosse vor dem Sonnen-Streitwagen des Tyr erscheinen in den späteren Mythen (Grimnir-Lied) als „Arwakr" („Frühwach") und „Alswid" („Allgeschwind") noch immer vor dem Wagen der Sonne, auf dem jetzt allerdings nicht mehr Tyr steht.

I 8. b) Wigblär

Der Held Helgi („der Heile"), der eine Sagenvariante des Sonnengott-Göttervaters Tyr ist, hat in der ersten seiner drei Inkarnationen ein Pferd mit dem Namen „Goldroß" geritten. In seiner zweiten Inkarnation ritt er das Pferd „Wigblär". Das Roß, daß er in seiner dritten Inkarnation ritt, ist nicht namentlich bekannt.

Helgi und die Walküre		
Helgi Hiörvard-Sohn („Goldroß")	+	die Walküre Swawa
wiedergeboren als:		
Helgi Hundings-Töter („Wigblär")	+	die Walküre Sigrun
wiedergeboren als:		
Helgi Haddinga	+	die Walküre Kara

Der Name „Wigblär" ist ausgesprochen interessant. „Wig" bedeutet wörtlich „Dahinziehender, Fahrender" und ist eine Bezeichnung für „Pferd". Der Namens-Bestandteil

„blär" ist sowohl ein Bezeichnung für einen Widder als auch für ein Schwert. Das Spannende daran ist, daß Heimdall auch als Widder aufgefaßt worden ist und das man seinen Kopf als Schwert aufgefaßt hat – Heimdall ist also ein „blär".

Das Roß „Wigblär" trägt also anscheinend den Namen „Heimdalls Roß", was Heimdall und Helgi miteinadner gleichsetzen würde und die Vermutung, daß beide Varianten des ehemaligen Göttervaters Tyr sind, bestätigen würde.

Das altnordische Substantiv „blär" ist mit den deutschen Verben „blasen" und „blähen" verwandt und stammt über das germanische Wort „blejaz, bläjaz" für „heulen, blöcken, blasen, blähen, Windstoß" von dem indogermanischen Verb „bleh" für „aufblasen, aufschwellen, anschwellen, sprudeln, strotzen" ab. Die naheliegende Assoziation zu diesen ursprünglichen Bedeutungen ist das männliche Zeugungsorgan.

Da die Germanen (und die Indogermanen allgemein) den (männlichen) Toten ein männliches Herdentier opferten und ihn in das Fell dieses Tieres hüllten, um dessen Zeugungskraft auf ihn zu übertragen, damit er sich im Jenseits refolgreich wiederzeugen konnte, könnte der Widder als Opfertier die Wurzel der Bezeichnung des Heimdall als „Widder" sein.

Zusammenfassung

Heimdalls Roß „Gulltopp" („Goldlocke") geht auf das Roß „Svadilfari" („Dahingleitender") des Tyr zurück.

Der Held Helgi, der eine Saga-Variante des Tyr ist, reitet in seiner ersten Inkarnation das Pferd „Goldroß", das offensichtlich auch ein Sonnen-Roß ist.

In seiner zweiten Inkarnation reitet Helgi auf Wigblär, dessen Name „Dahinziehender Widder" oder „Dahinziehendes Schwert" bedeutet. Das „Schwert" kann auch einen Penis beziechnen. Hier tritt die Assoziation zwischen dem Widder, dem Schwert und Tyr auf, die sich auch in den Mythen des Heimdall findet, der eine Weiterentwicklung einiger Aspekte des Tyr ist.

I 9. Heimdall der Göttervater

I 9. a) Das Lied des Rig

Die ordnende Tätigkeit des Heimdall erscheint am deutlichsten im „Lied des Rig". Der Name „Rig" bedeutet „Herrscher" und ist u.a. mit dem lateinischen „Rex", dem keltischen „Rig", dem indischen „Radja", dem gotischen „Reiks" sowie dem deutschen „(König-)Reich" und dem Namensbestandteil „rich" z.B. in „Heinrich" oder in „Richard" verwandt.

Heimdall wird hier als als König angesehen, was zu der „großen Macht", die er dem Hyndla-Lied zufolge besitzt, entspricht.

In seiner Funktion als Erschaffer und Ordner der drei Stände ist Heimdall gut als der ehemalige Göttervater Tyr erkennbar.

So wird gesagt in alten Sagen, daß einer der Asen, der Heimdall hieß, auf seiner Fahrt zu einer Meeresküste kam. Da fand er ein Haus und nannte sich Rigr. Und nach dieser Sage wird dies gesungen:

(Teil 1)

Einst, sagen sie, ging / auf grünen Wegen
Der kraftvolle, edle, / vielkundige Ase,
Der rüstige, rasche / Rigr einher.

Heimdall wird hier als kraftvoll und weise beschrieben, was mit den bisherigen Schilderungen übereinstimmt.

Weiter wandelnd / inmitten des Weges
Traf er ein Haus / mit offener Tür.
Er ging hinein, / am Estrich glüht' es;
Da saß ein Ehepaar, / ein altes, am Feuer,
Ai und Edda / in üblem Gewand.

Mit dem „*Estrich*" ist nicht wie heute ein aus Zement, Sand, Wasser u.ä. gegossener Fußboden, sondern ein aus flachen Steinen zusammengefügter Fußboden gemeint.

Zu raten wußte / Rigr den alten;
Er saß auf der Bank / inmitten der beiden,
Die Eheleute / ihm zur Linken und Rechten.

Da nahm Edda / einen Laib aus der Asche,
Schwer und klebrig, / der Kleien voll.
Mehr noch trug sie / auf den Tisch alsbald:
Brei in der Schüssel / ward aufgesetzt,
Und das beste Gericht / war ein Kalb in der Brühe.

Auf stand danach / des Schlafes begierig
Rigr, der ihnen / wohl raten konnte,
Legte sich ins Bett / inmitten der beiden,
Die Eheleute / ihm zur Linken und Rechten.

Da blieb er drauf / drei Nächte lang,
Dann ging er und wanderte / inmitten des Weges.

Danach vergingen / der Monde neun.
Edda genas, / genetzt ward das Kind,
Weil schwarz von Haut / geheißen Thräl.

„*Genas*" (von „genesen") bedeutet hier „gebar ein Kind".
„*Genetzt*" bedeutet „taufen" – ob hier eine germanische Weihehandlung oder eine christliche Taufe gemeint ist, ist unsicher, da auch die (Indo-)Germanen eine „Wasserweihe" der Neugeborenen kannten.
„*Thräl*" bedeutet „Läufer", d.h. „Arbeiter" und bezeichnete einen Sklaven bzw. den gesamten Stand der Leibeigenen.

Es begann zu wachsen / und wohl zu gedeih'n.
Rauh an den Händen / war dem Rangen das Fell,
Die Gelenke knotig / von Knorpelgeschwulst,
Die Finger feist, / fratzig das Antlitz,
Der Rücken krumm, / vorragend die Hacken.

Ein „*Range*" ist ein Kind. Das Aussehen der Leibeigenen wird hier recht drastisch als ihren Lebensumständen entsprechend geschildert.

In Kurzem lernt' er / die Kräfte brauchen,
Mit Bast binden / und Bürden schnüren.
Heim schleppte er Reisig / den ganzen Tag.

Da kam in den Bau / die Gängelbeinige,
Schwären am Hohlfuß, / die Arme sonnenverbrannt,
Gedrückt die Nase / Thyr die Dirne.
Breit auf der Bank / alsbald nahm sie Platz,
Ihr zur Seite / des Hauses Sohn.

Redeten, raunten, / ein Lager bereiteten,
Da der Abend einbrach, / der Enk und die Dirne.

Sie lebten knapp / und zeugten Kinder,
Geheißen, hört ich, / Hreimr und Fiosnir;
Klur und Kleggi, / Keffir, Fulnir,
Drumbr, Digraldi, / Dröttr und Höswir,
Lutr und Leggialdi. / Sie legten Hecken an,
Misteten Äcker, / mästeten Schweine,
Hüteten Geißen / und gruben Torf.

Viele der Namen der Kinder der drei Stände, die in dem „Lied des Rig" beschrieben werden, enthalten Anspielungen auf die Tätigkeiten, die die ausübten, die zu dem betreffenden Stand gehörten.

Die Töchter hießen / Trumba und Kumba,
Öckwinkalfa und Arinnefja;
Ysja und Ambatt, / Eikintiasna,
Tötrughypia / und Trönubenja,
Von ihnen entsprang / der Knechte Geschlecht.

(2. Teil)

Weiter ging Rigr / gerades Weges,
Kam an ein Haus, / halboffen die Tür.
Er ging hinein, / am Estrich glüht' es;
Da saß ein Ehepaar / geschäftig am Werk.

Der Mann schälte / die Weberstange,
Gekämt war der Bart, / die Stirne frei.
Knapp lag das Kleid an, / die Kiste stand am Boden.

Das Weib daneben / drehte den Rocken
Und führte den Faden / zu feinem Gespinst.
Auf dem Haupt die Haube, / am Hals ein Schmuck,
Ein Tuch um den Nacken, / mit einer Fibel gehalten:
Afi und Amma / im eigenen Haus.

   Der Rocken ist die Spindel, auf die man beim freihändigen Spinnen ohne Spinnrad den gezwirnten Faden aufwickelt.

Rigr wußte / den Werten zu raten;
Auf stand er vom Tische / des Schlafs begierig.
Legte sich ins Bett / inmitten der beiden,
Die Eheleute / ihm zur Linken und Rechten.

Da blieb er drauf / drei Nächte lang;
Dann ging er und wanderte / inmitten des Weges.

Danach vergingen / der Monde neun.
Amma genas, / genetzt ward das Kind
Und Karl geheißen; / das hüllte das Weib.
Rot war's und frisch / mit funkelnden Augen.

   Als „Karl" wurde der Bauer als Vertreter seines Standes bezeichnet.

Er begann zu wachsen / und wohl zu gedeih'n:
Da zähmt' er Stiere, / zimmerte Pflüge,
Schlug Häuser auf, / erbaute Scheunen,
Führte den Pflug / und fertigte Wagen.

Da fuhr in den Hof / mit Schlüsseln behängt
Im Ziegenkleid / die Verlobte Karls;
Snör geheißen / saß sie im Linnen.
Sie wohnten beisammen / und wechselten Ringe,
Breiteten Betten / und bauten ein Haus.

Sie zeugten Kinder / und zogen sie froh:
Halr und Drengr, / Höldr, Degn und Smidr,
Breidrbondi, / Bundinskeggi,
Bui und Boddi, / Brattskeggr und Seggr.

Die Töchter nannten sie / mit diesen Namen:
Snot, Brudr, Swanni, / Swarri, Spracki,
Fliod, Sprund und Wif, / Feima, Ristil.
Von den beiden entsprang / der Bauern Geschlecht.

Auch diesen Namen beziehen sich fast alle auf die üblichen Tätigkeiten der Bauern.

(3. Teil)

Weiter ging Rigr / gerades Weges;
Er kam zum Saal / mit südlichem Tor.
Angelehnt war's, / mit leuchtendem Ring.

Er trat hinein, / bestreut war der Estrich.
Die Eheleute saßen / und sahen sich an,
Vater und Mutter / an den Fingern spielend.

Der Hausherr saß / die Sehne zu winden,
Den Bogen zu spannen, / Pfeile zu schäften;
Derweil die Hausfrau / die Hände besah,
Die Falten ebnete, / am Ärmel zupfte.

Im Schleier saß sie / ein Geschmeid' an der Brust,
Die Schleppe wallend / am blauen Gewand;
Die Braue glänzender, / die Brust weißer,
Lichter der Nacken / als leuchtender Schnee.

Rigr wußte / dem Paar zu raten,
Er saß auf der Bank / inmitten der beiden,
Die Eheleute / ihm zur Linken und Rechten.

Da brachte die Mutter / geblümtes Gebild
Von schimmerndem Lein, / den Tisch zu spreiten.
Linde Semmel / legte sie dann
Von weißem Weizen / gewandt auf das Linnen.

Setzte nun silberne / Schüsseln auf
Mit Speck und Wildbrät / und gesottenen Vögeln;
In kostbaren Kelchen / und Kannen war Wein:
Sie tranken und sprachen / bis der Abend sank.

Rigr stand auf, / das Bett war bereit.
Da blieb er drauf / drei Nächte lang:
Dann ging er und wanderte / inmitten des Weges.
Danach vergingen / der Monde neun.

Die Mutter gebar / und barg in Seide
Ein Kind, das genetzt / und genannt ward Jarl.
Licht war die Locke / und leuchtend die Wange,
Die Augen scharf / wie Schlangen blicken.

„Jarl" bedeutet „Graf" und ist die Bezeichnung des Standes der Fürsten und der Krieger. Sie reimt sich auf „Karl", den Namen des Standes der Bauern.

Der Vergleich der Augen eines Fürsten mit den Augen einer Schlange findet sich in der Saga über Ragnar Lodbröck noch deutlicher als „Schlangen in den Augen" ausgedrückt: Die Schlange ist in diesem Zusammenhang das Symbol der Kraft und des Durchsetzungswillens. Sie geht letztlich auf die erwachte und im Dritten Auge ruhende Kundalini zurück (siehe „Kundalini" in Band 64).

Daheim wuchs / in der Halle der Jarl:
Den Schild lernt' er schütteln, / Sehnen winden,
Bogen spannen / und Pfeile schäften,
Spieße werfen, / Lanzen schießen,
Hunde hetzen, / Hengste reiten,
Schwerter schwingen, / den Sund durchschwimmen.

Aus dem Wald kam der rasche / Rigr gegangen,
Rigr ging / ihn Runen zu lehren,
Nannte mit dem eignen / Namen den Sohn,
Hieß ihn zu Erb / und Eigen besitzen
Erb und Eigen / und Ahnenschlösser.

Da ritt er von dannen / auf dunklem Pfade
Durch feuchtes Gebirg / bis vor die Halle.
Da schwang er die Lanze, / den Lindenschild,
Spornte das Ross / und zog das Schwert.
Kampf ward erweckt, / die Wiese gerötet,
Der Feind gefällt, / erfochten das Land.

Nun saß er und herrschte / in achtzehn Höfen,
Verteilte die Schätze, / alle beschenkend
Mit Schmuck und Geschmeide / und schlanken Pferden.
Er spendete Ringe, / hieb Spangen entzwei.

Das „Zerschneiden von (goldenen) Spangen", also von Armreifen bezieht sich darauf, daß die Fürsten ihre Krieger mit dem Gold belohnten, daß sie oft in der Form von Armreifen bei sich trugen. Bei der Verteilung dieses Goldes zerschlug der Fürst diese Armreifen in mehrere Stücke, sodaß jeder etwas davon bekam. Aus dieser Sitte heraus wurden freigiebige Fürsten von den Skalden oft „Feind des Schmuckes", „Zerstörer des Goldes", „Zerbrecher der Ringe" u.ä. genannt – in der Hoffnung, aufgrund dieses Herausstellens der Freigiebigkeit des Fürstens auch einen reichen Lohn zu erhalten …

Da fuhren Edle / auf feuchten Wegen,
Kamen zur Halle / vom Hersir bewohnt.
Entgegen ging ihm / die Gürtelschlanke,
Adlige, artliche, / Erna geheißen.

Ein „*Hersir*" ist in etwa ein Burgherr. Er ist dem „Jarl" (Grafen) unterstellt.

Sie freite und führte / der Fürst dann heim,
Als des Jarls Verlobte / ging sie in Linnen.
Sie wohnten beisammen / und waren sich hold,
Führten fort den Stamm / froh bis ins Alter.

Bur war der älteste, / Barn der andere,
Jod und Adal, / Arfi, Mögr,
Nidr und Nidjungr; / Spielen geneigt
Sonr und Swein, / sie schwammen und würfelten;
Kundr hieß Einer, / Konur der jüngste.

Da wuchsen auf / des Edeln Söhne,
Zähmten Hengste, / zierten Schilde,
Schälten den Eschenschaft, / schliffen Pfeile.

Das „Zieren der Schilde" bezieht sich vermutlich vor allem darauf, das Wappen oder abschreckende Bilder auf den Schild zu malen.

(Teil 4)

Konur der junge / kannte Runen,
Zeitrunen / und Zukunftrunen;
Er vermochte / Menschen zu schützen,
Schwerter zu stumpfen, / die See zu stillen.

„Konur" ist eine Kurzform von „Konungr", das „König" bedeutet. Dieser junge König ist hier wahrscheinlich das Urbild des Königs.
Zu der Ausbildung eines Königs gehörte auch die Runenmagie.

Vögel verstand er, / wußte Feuer zu löschen,
Den Sinn zu beschwichtigen, / Sorgen zu heilen.
Auch hatte er zumal / acht Männer Stärke.

Das Verstehen der Vogelsprache ist auch von Siegfried bekannt. Da die Seelen weltweit aufgrund des Erlebnisses des Schwebens über dem eigenen Körper bei einem Nahtod („Astralreise") die Gestalt von Vögeln erhalten haben, bedeutet das Verstehen der Vogelsprache, daß der Betreffende in der Lage ist, ins Jenseits zu reisen. Daher ist diese Fähigkeit vor allem von Schamanen-Priestern wie z.B. dem Druiden Merlin oder von Schamanengöttern wie Odin bekannt.
Offensichtlich hat Heimdall-Rig den Konur gut ausgebildet. Da die Krönung eines Königs vor allem eine Jenseitsreise war, durch die der König den Kontakt mit den Göttern erhielt, die ihm dann anschließend halfen, das Volk zu schützen, konnte auch ein König die Sprache der Vögel verstehen.

Er stritt mit Rigr, / dem Jarl, in Runen,
In allerlei Wissen / erwarb er den Sieg.
Da ward ihm gewährt, / da war ihm gegönnt,
Selbst Rigr zu heißen / und runenkundig.

Es scheint Heimdall-Rig zu sein, der dem Konur sein Königtum verlieh, sodaß dieser sich jetzt auch Rig nennen konnte. Rigr scheint die Runenkenntnisse des angehenden Königs geprüft zu haben.

Jung Konur / ritt durch Rohr und Wald,
Warf das Geschoß / und stellte nach Vögeln.

Da sang vom einsamen / Ast die Krähe:
„Was willst Du, Fürstensohn, / Vögel beizen?
Dir ziemte besser / ... ... (als)
Hengste reiten / und Heere fällen!

Dan hat und Danpr / nicht schönere Hallen,
Erb und Eigen / nicht reicher als Ihr.
Doch können sie wohl / auf Kielen reiten,
Schwerter prüfen / und Wunden hauen.

Dan und Dantr waren die beiden ersten (mythologischen) Könige Dänemarks. Sie scheinen über Konur von Rig selber abzustammen. In gleicher Weise ist Freyr der Ahnherr der schwedischen Könige und Odin der Ahn der norwegischen Könige. Hier ist Rig-Heimdall, der Erzeuger des Konur, deutlich als Königsgott und somit auch als Göttervater erkennbar, was noch einmal seine Herkunft aus dem ehemaligen Sonnengott-Göttervater Tyr bestätigt.

„Auf Kielen reiten" bedeutet, zur See zu fahren.

Das Lied scheint noch einige weitere Strophen gehabt zu haben, in denen die Geschichte des Konur weitererzählt worden ist.

Das Thema dieses Liedes ist vor allem die Entstehung der drei Stände, die hier als Fürsten-Priester, Bauern und Leibeigene dargestellt werden. Dies ist eine eher späte Umgestaltung der früheren Einteilung in Fürsten/Krieger, Priester/Heiler und Bauern/Handwerker. Ihnen waren die Leibeigenen noch untergeordnet, die aber nicht als eigener Stand gerechnet wurden.

Diese frühere Einteilung findet sich an vielen Stellen in den germanischen Mythen:

Stand	Rigr	Asen		Wieland-sage	Siegfried-sage	Gesta Danorum	Mär-chen	Kalevala (Finnen)
			die drei Brüder					
Krieger Fürsten	Jarl	Woden	Odin	Egil	Fafnir	Odin als Krieger	Bogen-schütze	Lemmin-käinen
Priester Heiler		We	Hönir	Slagfid	Oter	Odin als Schmied	Heiler	Väinä-möinen
Bauern Hand-werker	Karl	Wili	Loki	Völund	Regin	Odin als Heiler	Schmied	Ilma-rinen
Skla-ven	Thräl							

Die Auffassung, daß Heimdall die drei Stände begründet hat, zeigt, daß er entweder der Göttervater selber oder ein Aspekt von ihm gewesen sein muß oder daß er in einer anderen Weise die Macht der obersten Gottheit besessen haben muß, denn zu dieser Gottheit paßt die Gliederung der Gesellschaft in drei Stände am besten. Die drei Urbilder der drei Stände sind zudem oft die drei Söhne des Göttervaters.

I 9. b) Tacitus

Der römische Historiker Tacitus schrieb um ca. 100 n.Chr., daß die Germanen die Vorstellung von einem Gott hatten, von dessen drei Söhnen die Germanen abstammen. Es handelt sich dabei allerdings nicht um drei soziale Stände, sondern um drei Völker. ein Zusammenhang zwischen den drei Söhnen des Gottes Mannus („Mann") und der Geschichte des Rig ist jedoch nicht auszuschließen, da die Dreiteilung der Gesellschaft bei den Germanen ein altes Ordnungssystem gewesen zu sein scheint, da es so viele Götter-Dreiheiten gab, die dieses Prinzip ausdrückten, und diese Eintei-lung zudem auch von den anderen Indogermanen gut bekannt ist.

In ihren alten Liedern, die bei ihnen die einzige Art der Aufzeichnung und der Geschichtsbewahrung ist, feiern sie den Tuisto, einen Gott, der aus der Erde ent-sprungen ist, und Mannus, seinen Sohn, als Väter und Begründer ihrer Nation. Dem

Mannus schreiben sie drei Söhne zu, nach deren Namen ebensoviele Völker benannt worden sind: die Ingväonen, die nah beim Ozean wohnen; die Hermionen in der Mitte des Landes; und alle übrigen Istaevonen. Einige, die sich auch einen Bezug zu der Dunkelheit der Vergangenheit beschaffen wollten, behaupten, daß der Gott noch mehr Söhne gehabt hätte und daß von ihnen die Bezeichungen anderer Völker abstammen: die Marsier, die Gambrier, die Suever und die Vandalen – und das alle diese Namen wirklich wahr und ursprünglich seien.

I 9. c) Skjöldungen-Saga

Der Gott „Rig" hat in der Skjöldungen-Saga dieselbe Funktion wie Heimdall-Rig am Ende des Rig-Liedes:

Rig war ein Mann, der nicht der Geringste unter den Großen seiner Zeit gewesen ist. Er heiratete die Tochter eines gewissen Danp, Herr von Danpsted, deren Name Dana gewesen ist; und später, nachdem er den königlichen Titel für sein Land errungen hatte, hinterließ er als seinen Erbe seinen Sohn, den er zusammen mit Dana hatte, der Dan oder Danum genannt wurde, und dessen Untertanen alle 'Dänen' genannt wurden.

Hier erscheint Rig als Stammvater der dänischen Könige und der Dänen allgemein, was bedeutet, daß Rig und somit auch der ihm entsprechende Heimdall der Göttervater Tyr gewesen ist. „Rig" wird der Titel „König" des Göttervaters Tyr als Königs-Ahn gewesen sein. Dieser Titel hat sich in den zu dem Wächter Heimdall umgestalteten Teil der früheren Tyr-Mythen erhalten können.

I 9. d) Ynglinga-Saga

Eine ganz ähnliche Geschichte findet sich in der Ynglinga-Saga in der Heimskringla:

Dygvis Mutter war Drott, eine Tochter von König Danp, dem Sohn des Rig, der als erster in der dänischen Sprache 'Konungr' genannt wurde. Seine Nachkommen hielten stets den Titel 'Konungr' für den mit der höchsten Ehre.

Dygvi war der erste seiner Familie, der 'Konungr' genannt wurde, denn seine

Vorfahren waren 'Drottinn' und deren Frauen 'Drottning' genannt worden und der gesamte Hof 'Drott'.

Jeder ihrer Rasse wurde ein 'Yngvi' oder ein 'Ynguni' genannt und ihre Gesamtheit 'Ynglingar'. Die Königin Drott war die Schwester von König Dan dem Stolzen, von dem Dänemark seinen Namen erhalten hat.

„*Konungr*" bedeutet „König".

Ein „*Drott*" ist eine Schar von Kriegern. Mehrere indogermanische Völker wie z.B. die Mitanni („Junge Krieger") in Persien benannten sich nach diesen Krieger-Scharen.

I 9. e) Die Vision der Seherin

In den ersten beiden Zeilen der Völuspa werden die Menschen insgesamt als die Kinder des Heimdall angesehen. Da dieses Motiv nicht nur in dem „Lied des Rig" vorkommt, sondern auch an einer solch hervorgehobener Stelle wie dem Anfang der Völuspa, muß es sich dabei um ein gut bekanntes und daher vermutlich auch altes Motiv handeln.

Ich bitte um Gehör bei allen Heiligen Völkern,
bei den Söhnen des Heimdall, den hohen und den niederen;
Ich will Walvaters Wirken künden,
Die ältesten Sagen, der ich mich entsinne.

Die „*Heiligen Völker*" könnten alle Menschen sein, aber auch die beiden Völker der Götter, d.h. die Asen und die Wanen sowie evtl. noch die Alfen. Wenn das erste zutreffen sollte, wäre Heimdall der Vater aller Menschen (wie dies in der Geschichte des Rig beschrieben wird). Wenn jedoch das zweite zutreffen sollte, wäre Heimdall der Vater aller Asen und somit der Göttervater.

Vermutlich wird Tyr-Rig-Heimdall sowohl der Erschaffer der Menschen als auch der Begründer des Königtums gewesen sein.

I 9. f) Die Spindel von Saltfleetby

Spindel-Gewicht mit Runeninschrift

Auf dem Blei-Gewicht einer Spindel, die aus Saltfleetby in England stammt und um ca. 1050 n.Chr. hergestellt worden ist, finden sich die drei Namen Odin, Heimdall und Thialfi.

Eine Übersetzung des Textes auf dem Spindelgewicht ist bisher leider nicht gelungen.

Durch die Kombination von Odin und Tyr-Heimdall stehen der ehemalige und der neue Göttervater nebeneinander.

Thor ist bis 500 n.Chr. der Sohn des alten Göttervaters Tyr und danach dann der Sohn des neuen Göttervaters Odin gewesen. An seiner Stelle erscheint hier sein Priester Thialfi.

Somit werden auf diesem Spindelgewicht anscheinend die alten und die neuen Herrscher in der germanischen Götterwelt genannt.

Es wäre denkbar, daß eine Assoziation des Spindelgewichtes mit dem Spinnen des Schicksalsfaden durch die Nornen bestanden hat. Dann würden die Namen auf dem Spindelgewicht bedeuten, daß diese Götter unter dem Schicksalsspruch der Nornen stehen oder daß sie von ihr im Jenseits wiedergeboren werden.

Wenn dies zutreffen sollte, müßten die Nornen wohl auch den mithilfe dieses Spindelgewichtes gesponnenen Fäden einen magischen Segen gegeben haben. Ein anderer Grund für die Namen des Göttervaters auf diesem Spindelgewicht sind kaum denkbar.

I 9. h) Kenningar

Es gibt drei Kenningar, in denen möglicherweise Heimdall als Göttervater erscheint:

Heimdall oder Tyr	*Gold-Ase*	Gold-Zähne des Heimdall oder Goldhelm bzw. Goldschwert des Tyr	anonym	Beiname des Skalden Thordr
Heimdall oder Tyr	*weißer Schwertgott*	weiß = strahlend = heilig	anonym	Odins Rabenzauber

| Odin | *erfahrener Wächter der Halle der Schnee-Wege der Meeres-Pferde* | Schnee = Gischt; Wege der Schiffe = Meer; Halle des Meeres = Himmel; Himmels-Wächter = Odin (eigentlich Heimdall) | Refr | (Skald-skaparmal) |

Deutlich häufiger sind schon Königs-Kenningar, die mit „Wächter" gebildet werden und in denen der König vermutlich dem Heimdall vergleichen wird:

König	*Land-Wächter*	Glumr Geirason	(Skaldskaparmal)
		Ottar der Schwarze	Höfudlausn
		Sigvatr Thordarson	Erfidrapa
König	*Mut-beseelter Wächter der Erde*	Einarr	(Skaldskaparmal)
König	*Wächter des Tempel-Altars*	Thjodolfr von Hvini	Ynglingatal
König	*Wächter des Volkes*	Snorri Sturluson	Skaldskapar-mal
König	*Heimdall*	Bjarni ason	Bruchstücke

Die Wächterfunktion des Heimdall, die auf den christlichen Gott Vater übertragen worden war (siehe Kapitel I 3. j), ließ sich auch auf die Apostel und auf die Heiligen ausweiten:

Apostel	*reiner Wächter des Göttlichen*	Nikulas Bergsson	Jonsdrapa postula
heilige Frauen	*große Dienerin des Wächters des Himmels*	Kalfr Hallsson	Katrinardrapa

Auch ein Krieger konnte ein Wächter sein – und wenn er nur seine eigenen Ringe bewachte:

| Mann | *Wächter der Ringe* | anonym | Vitnisvisur af Mariu |

I 9. i) Ortsnamen

Es sind lediglich zwei mit „Heimdall" gebildete Ortsnamen bekannt: Der „Heimdallrvatn" („Heimdalls-Wasser") in Gudbrands-Tal und der Berg „Heimdallshoug" („Heimdalls-Hügel") im Naumun-Tal.

Möglicherweise hat es eine Assoziation zwischen diesem „Heimdallshoug" („Heimdalls Hügel"), Heimdalls Halle „Himinbjörg" und dem „Arhaug" („Adler-Hügel"), an dem dem Tyr geopfert worden ist, gegeben. „Heimdallshoug" könnte daher ursprünglich ein Opferplatz des Tyr-Heimdall gewesen sein.

Zusammenfassung

Heimdall wurde „Rig", d.h. „Herrscher, König" genannt. Da dieser Titel nur dem Göttervater zusteht, muß Heimdall der Göttervater gewesen sein, was seine Identität mit dem ehemaligen Sonnengott-Göttervater Tyr bestätigt.

Rig-Heimdall erschafft die drei Stände als seine drei Söhne. Auch dieses Motiv ist von Tyr gut bekannt.

Rig ernennt den König, nachdem er ihm zuvor alles einschließlich der Runenmagie gelehrt hat, die ursprünglich von Tyr stammt. (Als die Norgermanen die Runen um 100 v.Chr. bis 100 n.Chr. aus einem norditalienischen Alphabeth entwickelt haben, ist noch Tyr der Göttervater der Nordgermanen gewesen.)

Die Prüfung, die der angehende König unter der Aufsicht des Rig-Heimdall bestehen mußte, geht auf die Jenseitsreise bei der Krönung des angehenden Königs zurück. Nach der bestandenen Prüfung durfte sich der König nun auch selber „Rig", d.h. „Herrscher" nennen.

Über seinen Sohn Dan ist Rig-Heimdall der Urahn der dänischen Könige. Diese Stellung hat stets der Göttervater inne.

Die Menschen und die Asen wurde „Söhne des Heimdall" genannt, was noch einmal zeigt, daß Heimdall der Göttervater gewesen sein muß, d.h. daß er aus einem Beinamen des Tyr oder aus einem Teil seiner Mythen entstanden sein muß.

I 10. Heimdall und Loki

I 10. a) Gylfis Vision

In Gylfis Vision wird berichtet, daß sich Heimdall und Loki beim Ragnarök gegenseitig erschlagen:

Loki kämpft mit Heimdall und einer erschlägt den anderen.

Dieser Tod der beiden Asen zeigt, daß sie offensichtlich grundlegende Gegensätze darstellen. Das bestätigt Heimdalls Auffassung als Umdeutung eines Teiles der Eigenschaften des Tyr, da der Sommergott Tyr und der Wintergott Loki in den früheren Mythen einen endlosen, zyklischen Kampf miteinander geführt haben, durch den die Jahreszeiten entstanden sind.

I 10. b) Husdrapa

In diesem Skaldengedicht wird ein weiteres Thema aus den Mythen des Heimdall erzählt – oder zumindestens in zwei Strophen angedeutet.

Der berühmte Verteidiger des
Boden-Streifens der Mächte,
der stets Rat weiß, kämpft am Sing-Stein
mit Loki, Farbautis schrecklich listigem Sohn.

Der Sohn von acht-und-einer Mutter,
Mächtig in seinem Zorn,
ergreift als erster die schöne Meeres-Niere:
Dies mache ich in Ruhmesliedern bekannt.

„*Boden-Streifen*" ist eine Umschreibung für „Brücke". Die „*Mächte*" sind die Asen. Die „*Brücke der Asen*" ist die Regenbogenbrücke Bifröst. Der „*Verteidiger der Bifröst-Brücke*" ist der Gott Heimdall.

Der „*Sing-Stein*" („singasteini") ist offensichtlich ein besonderer Ort, an dem sich ein Stein befindet, an dem man singt, und der auch für die Asen von Interesse ist. Die wichtigsten Steine der Germanen waren die Runensteine sowie die Felsstücke, aus denen man die Grabkammern in den Hügelgräbern zusammensetzte. Ein „steinn" konnte auch ein Haus aus Stein bezeichnen.

Aus den Berichten über die Bestattung des Hunnenkönigs Atilla ist bekannt, daß die Germanen bei Bestattungen singend um das Hügelgrab ritten. Diesen Brauch könnte es auch bei den Runensteinen gegeben haben – zumal diese anfangs oben auf den Hügelgräbern errichtet wurden.

Diese Tradition ist vermutlich sehr alt, da sie in leicht abgewandelter Form auch aus den Mythen der Kelten bekannt ist: Zur Bestätigung, daß von den Druiden der richtige irische Hochkönig gewählt worden war, sang der Stein von Tara, wenn ihn der König berührte.

Der „Sing-Stein" könnte demnach ein Hügelgrab oder ein Runenstein sein. Dies würde auch zu Heimdall passen, da sowohl die Regenbogenbrücke, die er bewacht, als auch das Hügelgrab bzw. der Runenstein ein Tor zum Jenseits ist. Die Runensteine werden in den Inschriften auf ihnen oft als „Brücke" bezeichnet, womit sowohl die Gjallarbrücke zur Hel als auch die Bifröst-Brücke nach Asgard gemeint sein wird – beide sind letztlich dieselbe Jenseitsbrücke.

Der *„Sohn von acht-und-einer Mutter"* ist Heimdall, der von den neun Töchtern der Meeresgöttin Ran geboren wurde. Dies bedeutet, daß Heimdall von der Jenseitsgöttin („9" = zum Jenseits gehörend) im Meer geboren worden ist, was letztlich eine Beschreibung der aufgehenden Sonne ist und bestätigt, daß Heimdall eine Weiterentwicklung des ehemaligen Sonnengott-Göttervaters Tyr ist.

Heimdalls Kampf mit Loki erinnert an die anderen Kämpfe zwischen Loki und den Asen, bei denen es fast immer um einen magischen Gegenstand ging: Iduns Äpfel, die den Göttern ihre ewige Jugend geben; Sifs goldene Haare, die ein Symbol des reifen Getreides sind; Thors Hammer; Odins Speer und sein Ring Draupnir; sowie Freyrs goldener Eber und sein Schiff Skidbladnir. Lokis Taten führten auch dazu, daß Sif, Freya und Idun zu den Riesen gelangten bzw. in die Gefahr gerieten, von den Riesen entführt zu werden. Schließlich war es auch Loki, der den Tod des Baldur verursachte und ihn auf den Weg zur Hel sandte.

Alle diese Vorgänge fanden auf dem Weg vom Diesseits ins Jenseits statt und hatten den Streit um einen magischen Gegenstand oder um eine der Asinnen, der dieser Gegenstand gehört, zum Thema. Wahrscheinlich geht es auch in diesem Kampf zwischen Loki und Heimdall um einen solchen Gegenstand, der einer Göttin gehört. Vermutlich ist dies der Kampf, der dazu geführt hat, daß sich Heimdall und Loki beim Ragnarök gegenseitig getötet haben – dieser Kampf zwischen den beiden Asen muß daher sehr erbittert geführt worden sein. Ursprünglich ist dies der Jahreszeiten-Kampf zwischen Tyr und Loki gewesen.

Der einzige Hinweis auf die Ursache des Kampfes zwischen den beiden Asen in der Strophe ist die *„schöne Meeres-Niere" („hafnyra fögru")*, die Heimdall als erster in seiner Hand hält. Sie könnte dem Ring Draupnir, Sifs Haaren und den anderen magischen Gegenständen der Götter entsprechen. Das Adjektiv „schön" läßt vermuten, daß es sich um ein Schmuckstück o.ä. handelt.

Den Regeln der Bildung von Kenningar zufolge ist diese „Meeres-Niere" ein Gegenstand, der aus irgendeinem Grund wie z.B. seiner Form, seinem Material oder seiner Funktion einer Niere entspricht, aber sich im Meer befindet. Das Meer könnte hier die Wasserunterwelt sein, aus der heraus Tyr-Heimdall, d.h. die Sonne, am Morgen wiedergeboren wird.

Da „Meeres-Niere" wegen dem Adjektiv „schön" eine Kenning für ein Schmuckstück o.ä. zu sein scheint, könnte es sich bei ihr um Freyas Brisingamen handeln, das ihr in einer Mythe („Hedin-Saga") von Loki geraubt wird. Der Streit zwischen Heimdall und Loki um die „Meeres-Niere" könnte ein Teil dieser Mythe sein, in der Tyr-Heimdall die „Meeres-Niere" von Loki zurückholt.

Siehe dazu auch die Hedin-Saga weiter unten sowie den Band 16 über Loki.

I 10. c) Skaldskaparmal

Auch Snorri Sturluson berichtet in der Edda über den Kampf zwischen Heimdall und Loki:

Wie soll man Heimdall umschreiben? –
Indem man ihn „Sohn von neun Müttern" oder „Wächter der Götter" nennt, wie bereits geschrieben wurde; oder „Weißer Gott", „Feind des Loki", „Sucher von Freyas Kette".
… … …
Heimdall ist der Besitzer des (Rosses) *Gulltop („Goldmähne"). Er wird auch „Besucher von Vagasker („Wogen-Schäre", d.h. eine bei Flut überspülte Insel) und Sing-Stein" genannt, wo er mit Loki um die Kette Brisingamen kämpfte. Er wird auch „Vindler" („Wind-Erzeuger", „Wind-Ase" oder „Wind-Schutz") genannt.*
Ulfr Uggason verfaßte in der Husdrapa ein langes Gedicht über diese Geschichte und dort wird geschrieben, daß sie die Gestalt von Robben hatten.
Heimdall ist auch ein Sohn des Odin.

Aus Snorri Sturlusons Kommentar am Ende des zitierten Textes kann man schließen, daß das Lied über den Kampf zwischen Heimdall und Loki noch sehr viel mehr Strophen gehabt hat als überliefert worden ist und daß Snorri sie gut kannte – aber leider nicht aufgeschrieben hat …

Als Streitgegenstand wird von Snorri in der Edda Freyas Kette Brisingamen genannt. Sie ist daher die „Meeres-Niere" – Heimdall ist der „Sucher von Freyas Kette".

Der Umstand, daß Heimdall als „Feind des Loki" umschrieben werden konnte, zeigt wie die gegenseitige Tötung dieser beiden Götter beim Ragnarök, daß sie in der germanischen Mythologie einen fundamentalen Gegensatz gebildet haben müssen.

Die Heimdall-Kenning „Sucher von Freyas Kette" weist daraufhin, daß der Freya ihre Kette Brisingamen abhanden gekommen ist und Heimdall sie gesucht und vermutlich auch (wieder-)gefunden hat. Da Loki der Hauptgegner des Heimdall zu sein scheint, ist es recht wahrscheinlich, daß Loki etwas mit dem Verlieren der Kette zu tun hat – in einer anderen Mythe raubt er sie der Fraya. Die „Meeres-Niere", die Heimdall auf der Schäre bei dem „Sing-Stein" als erster in der Hand hält, wird daher die Kette Brisingamen sein.

Zu dieser Deutung würde passen, daß eine Schäre, d.h. eine flache, bei Flut überspülte Insel im Meer ein häufiges Symbol für das Jenseits ist und daß in anderen germanischen Mythen des öfteren von den Göttern ein Gegenstand aus dem Jenseits, d.h. von den Riesen (zurück-)geholt wird.

Eine Insel ist auch im Wieland-Lied der Ort der Unterwelt, in der der Schmied von König Nidud gefangengehalten wird. Ursprünglich ist Wieland der Gott Tyr in der Unterwelt gewesen, der dort sein am Abend zerbrochenes Schwert neu schmiedete. König Nidud ist eine Saga-Variante des Gottes Loki. Das Motiv des Kampfes des Tyr und des Loki auf der Jenseitsinsel ist bei den Germanen vor 500 v.Chr. offenbar gut bekannt gewesen.

Der Kampf zwischen Heimdall und Loki in der Gestalt von Robben auf der Schäre, die dem „Sing-Stein" entspricht, wird ihr Streit um die Kette Brisingamen sein. Die Robbengestalt erinnert an die Verwandlung des Loki in einen Lachs, als er nach seinen Beleidigungen in Ägirs Saal vor den Asen floh.

Sowohl die Schäre als auch der Singstein ist der Ort an der Grenze zwischen Diesseits und Jenseits, an dem Tyr-Heimdall und Loki miteinander kämpfen – dieser Ort ist der Horizont, an dem die Sonne auf- und untergeht.

Die Bezeichnung des Heimdall als „Wind-Ase" könnte sich auf seinen „windigen" Aufenthaltsort auf der Regenbogenbrücke beziehen. Vielleicht bezieht er sich aber auf den Riesenadler Hraesvelgr, der den Wind erzeugt und auf den Seelenvogel des ehemaligen Göttervaters Tyr zurückgeht. Dann wäre dies wieder ein Hinweis darauf, daß Heimdall einst der Göttervater Tyr oder einer seiner Beinamen gewesen sein müßte.

Dies ist die einzige Stelle, an der Odin als Heimdalls Vater benannt wird. Möglicherweise ist dieses Motiv nicht sehr alt, sondern sollte Heimdall nur dem Odin unterordnen – zumal nirgendwo erwähnt ist, wie Odin mit den neun Schwester-Müttern den Heimdall gezeugt haben soll, obwohl dies doch eine interessante mythologische Szene gewesen wäre.

Auch Tyr, von dem Heimdall eine Weiterentwicklung ist, wurde als Sohn des Odin angesehen.

I 10. d) Skaldskaparmal

„Wie soll man Loki umschreiben?"

"So: Nenne ihn 'Sohn des Farbauti und der Laufey oder der Nil', ... und 'Ringkampf-Gegner des Heimdall ...'.

Der Ringkampf zwischen Loki und Heimdall wird derselbe Kampf wie der eben genannte Kampf sein. Dieser „Kampf ohne Waffen" paßt dazu, daß Heimdall und Loki auch in der Gestalt von zwei Robben miteinander gekämpft haben, da diese ja keine Waffen besitzen.

I 10. e) Hedin-Saga

In der Hedin-Saga wird der Raub des Brisingamen durch Loki im Auftrag von Odin beschrieben. Dies könnte die Vorgeschichte zu dem Kampf zwischen Heimdall und Loki um die „Meeres-Niere" sein.

In der Saga wird entsprechend der damals üblichen christlich-gelehrten Interpretation die Welt der Götter als ein fernes Land und die Götter selber als die Könige der Frühzeit aufgefaßt.

Östlich von Vanakvisl in Asien gab es ein Land, das Asien-Land oder Asien-Heim genannt wurde. Die Leute dort wurden Asen genannt und ihre Hauptstadt Asgard. Odin war der König, der dort herrschte. Dort gab es einen großen Tempel. Odin bestimmte Njörd und Freyr als Hohepriester. Njörds Tochter wurde Freya genannt. Sie begleitete Odin und war seine Geliebte.

In Asien lebten einige Männer, von denen einer Alfrigg, der nächste Dvalin, und die anderen Berling und Grer genannt wurden. Ihre Höfe lagen fern von der Halle des Königs. Sie waren so geschickte Handwerker, daß sie jedes Ding in die Hand nehmen und daraus etwas Beachtliches erschaffen konnten. Menschen wie diese wurden „Zwerge" genannt. Sie lebten in einem gewissen Stein. Sie hatten in jenen Tagen mehr mit Menschen zu tun als heute.

Der „gewisse Stein" ist die aus Felsplatten errichtete Grabkammer in einem Hügelgrab. Zwerge sind Totengeister.

Odin liebte Freya sehr und sie war wirklich die schönste aller Frauen, die damals lebten. Sie hatte ein Frauenhaus, das sowohl schön als auch sehr fest war – so fest, daß gesagt wurde, daß niemand, wenn die Tür verschlossen war, hineingelangen konnte, außer wenn es Freya ihnen erlaubte.

Freyas Frauenhaus ist eine Umdeutung der Unterwelt. Aus dieser Jenseitshalle ist auch Hels „Niflheim-Halle" und Menglöds „Burg" geworden. „Menglöd" ist ein Beiname der Fraya und bedeutet „die sich über ihren Halsreif freut", wobei mit diesem Halsreif ihr Brisingamen gemeint ist.

Eines Tages wanderte Freya umher und gelangte zu dem Felsen. Er stand offen. Die Zwerge erschufen eine goldene Halskette. Sie war fast fertig. Freya gefiel das Aussehen dieser Kette. Freya gefiel auch den Zwergen. Sie wollte die Halskette kaufen und bot Gold und Silber für sie an und dazu viele Schätze.

Doch sie antworteten, daß es ihnen nicht an Geld fehlte, aber das jeder von ihnen seinen Teil an der Kette für eine bestimmte Sache geben würde und daß sie nichts anderes haben wollten, als daß sie mit jedem von ihnen eine Nacht verbringen würde. Und, ob dies nun eine glückliche Vereinbarung war oder nicht, dies ist der Handel, den sie abschlossen.

Dies ist eine Umdeutung der Wiederzeugung der Toten mit der Jenseitsgöttin Freya in der Grabkammer des Hügelgrabes, die ihrer Wiedergeburt durch diese Göttin vorausging.

Und vier Nächte später, als dieser Handel ausgeführt worden war, gaben sie die Halskette der Freya. Sie ging heim in ihr Frauenhaus und verhielt sich ruhig, als wenn nichts geschehen wäre.

Damals lebte ein Mann, der Farbauti genannt wurde. Er war ein einfacher Bauer und hatte eine Frau, die Laufey genannt wurde. Sie war so rank und schlank, daß sie „Nadel" genannt wurde.

Die Deutung des Namens „Nadel" stammt vermutlich von Snorri selber. Es scheint wahrscheinlicher, daß Laufey, deren Namen „Laubinsel" bedeutet und eine Umschreibung für die Jenseitsinsel sein wird, eine Variante der Nornen gewesen ist, die außer als Spinnerinnen auach als Weberinnen und als Näherinnen aufgefaßt worden sind.

Die Jenseitsgöttin ist aufgrund des zyklischen, abwechselnden Todes und der anschließenden Wiederzeugung und Wiedergeburt sowohl des Sommergottes Tyr als auch des Wintergottes Loki die Mutter dieser beiden Götter gewesen.

Sie hatten zusammen einen Sohn, der Loki genannt wurde. Er war nicht groß von Wuchs. Er bekam schon bald eine scharfe Zunge. Er war flink und konnte sich sehr schnell bewegen. Er übertraf andere Männer in der Weisheit, die Arglist genannt wird. Er war schon in jungen Jahren sehr geschickt und sie nannten ihn 'Loki Laeviss', d.h. 'Loki listig wie Gift'. Er brach nach Asgard auf und wurde einer von Odins Männern.

Odin sprach stets dem Rat des Loki gemäß, was immer er auch tat. Natürlich übergab Odin dem Loki alle schwierigen Aufgaben, aber Loki bewältige alle besser als erwartet. Er wußte über fast alles Bescheid, was vor sich ging, und erzählte Odin alles, was er wußte.

Es wird erzählt, daß Loki herausfand, was es mit Freya und ihrer Halskette auf sich hatte: wie sie an sie gelangt war und was sie dafür gezahlt hatte. Er erzählte es Odin.

Und als Odin dies erfuhr, befahl er, daß Loki diese Kette erlangen und ihm bringen sollte.

Loki sagte, daß dies wohl kaum möglich sein wird, da kein Mensch das Frauenhaus betreten könne, wenn Freya dies nicht wollte.

Odin sagte, daß er gehen und nicht zurückkehren solle, bevor er die Kette erlangt habe.

Loki schlich heulend davon. Die meisten Leuten grinsten, als Loki nicht weiterwußte.

Loki ging zu Freyas Frauenzimmer und fand es verschlossen. Er versuchte hinein zu gelangen, aber es glückte ihm nicht. Es war eisig draußen und ihm begann sehr kalt zu werden. Da verwandelte er sich in eine Fliege. Er flog an allen Schlössern und Kanten entlang, aber konnte keine Lücke finden um hineinzugelangen außer einer kurz unter dem Giebel, und selbst die war nicht größer als das man eine Nadel hineinstecken konnte – aber er schaffte es sich hineinzubohren.

Dieses Motiv entspricht der Verwandlung des Odin in eine Schlange, als die er durch das von ihm gebohrte Loch in das Hügelgrab dere Gunnlöd kroch, um sich dort mit ihr zu vereinen, den Met zu trinken und sich in einen Adler-Seelenvogel zu verwandeln. Gunnlöd entspricht Freya, Freya Brisingamen entspricht Gunnlöds met, und Lokis Fliegengestalt ist eine ironische Variante des Adler-Seelenvogels (hier ein flugfähiges Insekt).

Odin ist der Nachfolger des Tyr, die wie Loki, um wiedergeboren zu werden, zu der Jenseitsgöttin in die Unterwelt gelangen mußte. Odins Reise in das Hügelgrab zu Gunnlöd und Lokis eindringen in das Frauenhaus der Freya sind späte Varianten der abwechselnden Jenseitsreise des Tyr und des Loki.

Lokis Verwandlung in eine Fliege ist auch aus einem anderen Zusammenhang bekannt: Er versuchte in der Gestalt einer Mücke den Zwerg Brock daran zu hindern, Thors Hammer fertig zu schmieden. Lokis „Insekten-Verwandlung" scheint daher mit dem Holen eines magischen Gegenstandes von den Zwergen assoziert worden zu sein.

Als er hineingelangt war, öffnete er seine Augen weit und frug sich, ob wohl jemand wach sei, aber er sah, daß alle in dem Frauenzimmer schliefen. Daher ging er weiter zu Freyas Bett und sah, daß sie ihre Kette um ihren Hals trug und auf dem Schloß der Kette lag. Da verwandelte er sich in einen Floh. Er setzte sich auf Freyas Wange und biß sie so, daß sie erwachte und sich umdrehte und dann weiterschlief. Dann legte Loki seine Floh-Gestalt ab, nahm ihr die Kette ab, entriegelte das Frauenzimmer und kehrte zu Odin zurück.

Als Freya am nächsten Morgen erwachte, sah sie, daß die Tür offenstand, aber nicht aufgebrochen worden war, und daß ihre Halskette fort war. Sie glaubte zu wissen, welche List dahinterstand und ging, sobald sie angekleidet war, in die Halle, um König Odin zu sehen und ihm zu sagen, daß es Unrecht von ihm sei, ihr ihre kostbare Halskette zu stehlen und um ihn aufzufordern, ihr ihre Halskette zurückzugeben.

Odin sagte, daß sie ihre Kette angesichts der Weise, in der sie sie erlangt habe, niemals zurückerhalten solle, „es sei denn, daß es Dir gelingt, daß zwei Könige, denen jeweils zwanzig Könige dienen, in Streit miteinander geraten und miteinander kämpfen und dabei unter solchen Zauberbannen und Flüchen stehen, daß sie jedesmal, wenn sie fallen, wieder zum Leben erwachen und weiterkämpfen, bis ein christlicher Mann so kühn und mit solch großem Glück seines Gottes gesegnet sein sollte, daß er es wagt, in diese Schlacht zu treten und diese Männer mit Waffen niederzuschlagen. Nur dann soll ihr Schicksal beendet sein – dank welches Fürsten auch immer, dem es zufallen wird, sie auf diese Weise von ihrem Bann und ihrem elenden Ringen zu befreien."

Dem stimmte Freya zu und erhielt ihre Kette zurück.

Der endlose Kampf zwischen zwei Königen, den Freya nun bewirken soll, geht auf den endlosen Kampf zwischen Tyr und Loki zurück, in dem der Verlierer jeweils nach einem halben Jahr durch die Jenseitsgöttin wiedergeboren wird. Diese sehr alte indogermanische Mythe über den Jahreszeiten-Kampf hat sich bei den meisten indogermanischen Völkern zu ihrem Nationalepos weiterentwickelt, in dem zwei Könige sich gegenseitig die „schönste Frau" rauben und deshalb einen gewaltigen Krieg führen: bei den Germanen das Nibelungenlied, bei den Kelten der Rinderraub von Cuailgne, bei den Griechen das Ramayana, bei den Griechen der Trojanische Krieg usw.

In der Hedin-Saga wird nun von Hedin und Hogni berichtet und wie Freya zwischen ihnen den von Odin gewünschten Krieg arrangiert. Schließlich trifft Hedin auf Freya, die sich „*Gondul*" nennt, was im Darradar-Lied der Name einer Walküre ist und „Zauberstab" („Gandr-wal") bedeutet. „*Serkland*" ist das islamische Abbasiden-Reich rings um das Mittelmeer.

Hedin verbrachte den Winter zuhause in Serkland. Es wird erzählt, daß Hedin einmal mit seinem Gefolge zur Jagd ausritt. Er fand sich alleine auf einer Lichtung wieder. Er sah eine Frau auf einem Sitz in der Lichtung, die hoch und schön anzusehen war.

Er frug nach ihrem Namen und sie nannte sich Gondul. Danach sprachen sie zusammen. Sie frug nach seinen Heldentaten und er war glücklich, ihr alles zu erzählen. Er frug sie, ob er von irgendeinem König wüßte, der so kühn und tüchtig wie er wäre oder so berühmt und erfolgreich. Sie sagte, daß sie einen kennen würde, in jedem Teil ihm ebenbürtig und daß ihm zwanzig König dienen würden, „keiner weniger als Dir." Und sie sagte, daß er Hogni heiße und daß er in Dänemark im Norden leben würde.

„So viel weiß ich," sprach Hedin, „daß wir versuchen müssen, wer von uns der Bessere ist."

„Es ist wahrscheinlich Zeit für Dich aufzubrechen und nach Deinen Männern zu schauen," sprach Gondul, „sie werden schon nach Dir suchen." Danach trennten sie sich. Er ging zu seinen Männern, sie aber blieb dort sitzen.

Sobald es Frühling war, machte sich Hedin bereit aufzubrechen. Er hatte ein Drachenschiff und auf ihm dreihundert Mann. Er segelte nach Norden durch die Welt. Er segelte Sommer und Winter. Im Frühling kam er nach Dänemark.

Die Walküre Gondul ist die Göttin Freya.

In der Skaldskaparmal ist es Högnis Tochter Hilde und nicht Freya, die dafür sorgt, daß der Kampf zwischen Hedin und Högni niemals endet. Vermutlich ist Hilde hier mit der Göttin Hulda, die die Königin der Trolle, d.h. eine Jenseitsgöttin wie Hel ist, identisch. Hulda war auch eine Zauberin und konnte sich u.a. in einen Drachen verwandeln (Huldar-Saga). Sie hat anscheinend einige Ähnlichkeit mit Freya in der Saga von Hedin und Högni.

In Dänemark traf Hedin auf Hogni und beide schießen und schwimmen und die Wette, aber beide sind in allem genau gleich stark. Schließlich werden sie Blutsbrüder.

Es wird gesagt, daß Hogni nach eine Weile zu Raubüberfällen aufbrach, aber Hedin zurückblieb und über das Königreich wachte. Eines Tages titt Hedin zu seinem Vergnügen in den Wald. Es war schönes Wetter. Wieder wurde er von seinen Männern getrennt.

Er kam zu einer Lichtung. Dort sah er dieselbe Frau wie vorher in Serkland auf einem Sitz und sie erschien ihm noch schöner als zuvor. Wieder ergriff sie als erste das Wort und sprach freundlich zu ihm. Sie hielt ihm ein Horn mit einem Deckel entgegen. Das Herz des Königs wurde von Sehnsucht nach ihr erfüllt. Sie lud ihn zu einem Trunk ein und der König war durstig, da ihm heiß geworden war und so nahm er das Horn und trank.

Aber nachdem er getrunken hatte, veränderte er sich auf seltsame Weise, denn er konnte sich an nichts mehr erinnern, was zuvor gewesen war.

Diese Vergessenheits-Trank ist eine Umduetung des Ritual-Tranks bei der Bestattung. Er entspricht dem Met der Gunnlöd in der Grabkammer ihres Hügelgrabes, in das Odin reist.

Er setzte sich nieder und sie sprachen zusammen. Sie frug ihn, ob er die Stärke und das Geschick bei Hogni gefunden hatte, von der sie ihm berichtet hatte.
Hedin sagte, daß dies wahr sei, „denn es gab keine einzige Fähigkeit, in der wir uns geprüft haben, in der er mir nachstand und so haben wir uns für gleichrangig erklärt."
„Aber ihr seid nicht gleich," sprach sie.
„Wie kommst Du darauf?" sagte er.
„Ich komme darauf," sagte sie, „weil Hogni eine Königin von großer Herkunft hat und Du gar keine Frau hast."
Er antwortete: „Hogni würde mir seine Tochter geben, wenn ich ihn darum bitten würde und dann stände ich ihm von meine Ehe her in nichts nach."
„Dein Ruhm wäre kleiner als seiner," sprach sie, „wenn Du Hogni nur bitten würdest, Dich in seine Familie aufzunehmen. Es wäre besser – wenn es Dir, wie Du sagst, nicht an Mut und Stärke fehlt – Hild fortzuschleppen und die Königin in der folgenden Weise zu töten: indem Du sie ergreifst und vor den Bug Deines Drachenschiffes legst und sie in zwei Teile zerschneiden läßt, während Dein Schiff ins Meer geschoben wird."
Hedin war so in dem Bösem und in dem Vergessen aus dem Ale, den er getrunken hatte, gefangen, daß er keine andere Möglichkeit sah, und es kam ihm kein einzgies mal in den Sinn, daß er und Hogni Blutsbruderschaft geschworen hatte.
Dann trennten sie sich und Hedin ging zu seinen Männern.

Dadurch, daß Hedin den Plan der Freya-Gondul ausführte, kam es zu der von Odin geforderten endlosen Schlacht zwischen den beiden Königen, die erst nach 143 Jahren durch den christlichen König Olaf Tryggvason von Norwegen beendet wurde. Dieses Ende der Schlacht ist offenkundig eine recht neue, christliche Umdeutung dieser alten Jahreszeiten-Mythe.

Hedin ist ein Beiname des Tyr gewesen und Högni eine Bezeichnung für Loki. In der Nibelungensage sind die Tyr-Mythen auf die Gestalt des Sigurd/Siegfried übertragen worden, während Högni zu Hagen, dem Mörder des Sigurd geworden ist.

I 10. f) Heimdall und Gefion

Es gibt noch eine Szene in der germanischen Mythologie, die vermutlich mit Heimdall und Freya sowie mit Odr zu tun hat.

In der Lokasenna beschuldigt Loki die Göttin Gefion, mit einem „weißen Jüngling" geschlafen und von ihm ein „Kleinod" erhalten zu haben:

Gefion:
„Ihr Asen beide, was ist's, daß ihr euch
Mit scharfen Worten streitet?
Loptr träumt sich nicht, daß er betrogen ist,
Und ihn hier die Himmlischen hassen."

Loki:
„Schweig Du, Gefion! sonst vergeß ich's nicht
Wie Dich zur Lust verlockte
Jener weiße Knabe, der dir das Kleinod gab,
Als Du den Schenkel um ihn schlangst."

Odin:
„Irr bist Du, Loki, und aberwitzig,
Wenn Du Gefion gram Dir machst:
Aller Lebenden Schicksal weiß sie
Ebensogut wie ich."

Da Tyr-Heimdall der „Weiße Gott" ist, besteht zumindestens der Verdacht, daß auch der „weiße Jüngling" Heimdall sein könnte.

Der Name Gefion („Geberin) ist identisch mit dem Beinamen „Gefn" der Göttin Freya. Daher ist es gut denkbar, daß Gefion ursprünglich ein Beiname der Freya gewesen ist, der sich im Laufe der Zeit verselbständigt hat. Gefion ist zudem wie Freya auch eine Totengöttin, da zu ihr alle „unvermählt Sterbenden" gelangen.

Das „Kleinod", das dieser „Weiße Jüngling" der Gefion gab, wäre dann naheliegenderweise Freyas Kette Brisingamen, d.h. die „Meeres-Niere", um die Heimdall und Loki miteinander kämpfen.

Die in der Lokasenna beschriebene Szene wäre dann die Rückkehr des Heimdall von seiner Suche nach Freyas Kette.

In dieser Szene ist Heimdall der Geliebte der Freya-Gefion, was eine übliche Umdeutung der Wiederzeugungs-Szene im Jenseits ist, wenn eine Mythe in den Bereich der Saga oder wie im Fall der Lokasenna, in den Bereich der Satire übertragen wird.

Die häufigste Variante dieser Umdeutung ist die Errettung der schönen Jungfrau

(Jenseitsgöttin) vor dem Drachen (Jenseitsreisender, Toter) durch den Königssohn (angehender König bei seiner Kröungs-Jenseitsreise).

I 10. g) Gesta danorum

Da die Gestalt der Toten im Jenseits, von denen Heimdall und Loki ihre Robben-Gestalt übernommen haben werden, aufgrund der Symbolik der Wiederzeugung und der Wiedergeburt mit der Gestalt der Muttergöttin übereinstimmen muß, sollte auch Freya selber in dieser Heimdall-Loki-Mythe die Gestalt einer Robbe gehabt haben.

In der „Gesta danorum" („Geschichte der Dänen") des Mönches Saxo des Schriftkundigen findet sich eine indirekte Bestätigung für diese Vermutung.

In diesem halbmythologischen Geschichtswerk stirbt der König Frode einen recht seltsamen Tod. Dieser König Frode ist eine Übertragung des Gottes Freyr, des Bruders der Freya, in den Bereich der Sage, was einen Zusammenhang zwischen der Mythe, die dieser Frode-Saga zugrundeliegt, und dessen Schwester Freya recht wahrscheinlich macht.

In der Sage über König Frode finden sich auch viele andere Elemente, die Umdeutungen von Mythen sind wie z.B. die Fahrt (Jenseitsreise) zu einem Schatz auf einer Insel (Jenseits), der von einem Drachen bewacht wird.

Das Lebensende des Frode nahte, als eine alte Frau, die Hel selber sein wird, nach einem der Schätze des Königs Frode trachtet: seinem Ring, der ein Jenseitsreisesymbol ist. Dieser Ring wird auch der Halsreif Brisingamen der Freya sein – und die alte Frau der Hel-Aspekt der Freya.

Inzwischen kam eine gewisse alte Frau, die in der Zauberkunst erfahren war und die mehr in ihre Künste vertraute als daß sie die Strenge des Königs fürchtete, und stachelte die Begierde ihres Sohnes nach dem Schatz an. Sie versicherte ihm Straflosigkeit, da der König fast schon an dem Tor des Todes stand, sein Leib schwach und die Überreste seines altersschwachen Geistes kraftlos waren.

Er stellte dem Rat seiner Mutter die Größe der Gefahr gegenüber, aber sie gebot ihm, Hoffnung zu fassen und erklärte, daß entweder eine Seekuh ein Kalb haben sollte oder daß die Rache des Königs durch irgendeine andere Fügung vereitelt werden solle. Durch diese Rede vertrieb sie die Ängste ihres Sohnes und ließ ihn ihr gehorsam sein.

Als die Tat getan war, wurde Frode, von dem Angriff getroffen, von der größten Hitze und Wut erfüllt und ließ das Haus der alten Frau niederreißen und sandte Männer aus, um sie gefangen zu nehmen und sie mit ihren Kindern herbeizubringen.

Dies hatte die Frau vorhergesehen und täuschte ihre Feinde mit einer List, indem sie von der Gestalt einer Frau zu der einer Stute wechselte.

Als Frode herbeikam, nahm sie die Gestalt einer Seekuh an, die an der Küste umherzurobben und zu grasen schien. Und sie ließ ihre Söhne wie Kälber von geringerer Größe aussehen. Dieses Omen erstaunte den König und er befahl, daß sie umringt und von ihrem Rückweg ins Wasser abgeschnitten würden. Dann verließ er den Karren, den er wegen der Schwäche seines alten Körpers benutzte und setzte sich verwundert auf den Erdboden.

Aber die Mutter, die die Gestalt des größeren Tieres angenommen hatte, griff den König mit ausgestreckten Hauern an und durchstach eine seiner Seiten. Diese Wunde tötet ihn und sein Ende war einer Majestät wie der seinen unwürdig.

Seine Krieger, die nach Rache für seinen Tod dürsteten, warfen ihre Speere und durchstachen die Ungeheuer. Als getötet worden waren, sahen sie, daß es Leichen von menschlichen Wesen mit den Köpfen von wilden Tieren waren: ein Umstand, der die List mehr als alles andere offenbarte.

Die Stuten-Gestalt der alten Frau ist die Entsprechung zu dem Opfer-Hengst, mit dem die Toten bei ihrer Bestattung identifiziert wurden. Die Stute ist in den Wiedergeburtsvorstellungen die Göttin Freya, die die Geliebte der Toten bei deren Wiederzeugung ist.

Loki verwandelt sich in der Riesenbaumeister-Mythe anscheinend in Freya selber, als er in Stuten-Gestalt den Hengst des Riesen (Tyr) fortlockte und nach der Vereinigung mit ihm Odins Roß Sleipnir gebar.

Entsprechend wird die Seekuh-Gestalt der alten Frau auch der Robben-Gestalt des Heimdall und des Loki bei deren Kampf um Freyas Brisingamen auf der Insel entsprechen. Diese Annahme wird dadurch bestätigt, daß der König Frode ursprünglich der Gott Freyr gewesen ist, der sich nach seinem Tod im Jenseits mit seiner Schwester-Geliebten Freya bei seiner Wiederzeugung vereint.

Freya hatte somit bei der Wiederzeugung in der „Land-Unterwelt" die Gestalt einer Stute und auf der „Insel-Unterwelt" die Gestalt einer Robbe oder einer Seekuh.

Der Kampf des Heimdall und des Loki in der Gestalt von zwei Robben auf einer Schäre ist offenbar mit der hier geschilderten Szene über Freyr (alte Frau) und Frode (Freyr) eng verwandt – in beiden Motiven geht es um die Wiederzeugung im Jenseits.

I 10. h) Neunkräuter-Zauber

Möglicherweise besteht ein Zusammenhang der Robben-Gestalt des Heimdall und seiner 9 Mütter mit der Robbe (Seehund), die in diesem angelsächsischen Zauberlied eines der 9 Heilkräuter sendet:

Dies ist das Kraut, das Nessel heisst;
das entsandte der Seehund über den Rücken der See
zur Hilfe gegen die Bosheit von einem anderen Gift.
Diese 9 Kräuter wirken gegen 9 Gifte.

Falls der Seehund Freya sein sollte, wäre hier (wie so oft) aus der Göttin, die sozusagen den Tod durch die Wiedergeburt heilt, die Göttin geworden, die die Krankheiten durch ihre Heilmittel heilt.

Zusammenfassung

Loki raubt der Göttin Freya deren Halsreif Brisingamen. Heimdall holt den Halsreif von ihm zurück. Dabei kämpfen beide in der Gestalt von zwei Robben miteinander. Auch Freya erscheint in einer Mythe als Seekuh, also als sozusagen als „große Robbe".

Im Zusammenhang mit dem Kampf zwischen Heimdall und Freya wird der Halsreif der Göttin „Meeres-Niere" genannt – vermutlich, weil er sich in der Wasserunterwelt befindet.

Die Robbengestalt des Heimdall und des Loki sowie die Seekuh-Gestalt der Freya stammen vermutlich aus den Wiederzeugungs-Vorstellungen, in denen der Tote und die Jenseitsgöttin mit einem in Herden lebenden Tier identifiziert worden sind, da die Herdentiere offensichtlich sowohl fruchtbar als auch zeugungskräftig sind.

Vermutlich aufgrund der Robbengestalt der beiden Götter wurde deren Kampf auch „Ringkampf" genannt – als Robben haben die beiden keine Waffen.

Der Ort des Kampfes zwischen Heimdall und Loki ist entweder der Singstein, der ein Hügelgrab, an dem bei der Bestattung Lieder gesungen wurden, ist oder eine Schäre, also eine bei Flut überspülte Insel. Beide Orte waren Jenseitstore.

Die Wiederzeugung erscheint in der Lokasenna als die Vereinigung der Freya-Gefiun mit einem „weißen Jüngling", der Tyr-Heimdall sein wird, da dieser als „Weißer Gott", d.h. „Strahlender Gott" (Morgensonne) bezeichnet worden ist.

In späterer Zeit sind aus dieser Mythe mehrere neue Motive entstanden:
- Loki und Heimdall erschlangen einander beim Ragnarök.
- Heimdall ist wie Tyr der Sohn des Odin.
- Freya verursacht einen endlosen Krieg zwischen den beiden Königen Hedin (Tyr) und Högni (Loki).
- Eine Robbe (Freya) sendet aus dem Meer (Wasserunterwelt) den Menschen ein Heilmittel.

I 11. Heimdall der Widder

I 11. a) Heimdall und Widder

Heimdalls Beiname *„Hallinskidi"* („Hallen-Ski/Schiff") hatte auch die Bedeutung „Widder", da mit diesem Namen auch Widder umschrieben werden konnten.

In der Grafeldardrapa des Skalden Glumr Geisrason wird „Gold" mit *„Zähne des Hallinskidi"* umschrieben und in den Thulur des Snorri Sturluson wird *„Hallinskidi"* unter den Widder-Kenningar aufgeführt.

Der Ursprung dieser beiden Heitis (Umschreibungen mit einem Wort) wird eine Widdergestalt des Heimdall gewesen sein, die er angenommen hat, wenn er in das Jenseits gereist ist und sich dabei in einen Widder verwandelt hat, um seine Zeugungskraft, die er für seine Wiederzeugung benötigte, magisch abzusichern (siehe „Wiederzeugung in Band 5].

Es stellt sich die Frage, warum Heimdall in seiner Jenseisreise-Widdergestalt „Hallenschiff" genannt wurde. Die Halle könnte die Grabkammer des Hügelgrabes des Tyr-Heimdall gewesen sein und das Schiff das Jenseitsreiseschiff (Skidbladnir, Naglfar, Ullrs Runenknochen) oder die Sonnenbarke.

Möglicherweise hat die Assoziation des Heimdall mit dem Widder einen Zusammenhang mit dem Trinkhorn bzw. Signalhorn des Heimdall. Heimdall könnte ursprünglich auch ein gehörnter Gott gewesen sein.

I 11. b) Heimdall und Loki als Widder

Auch Loki wird auf zwei Abbildungen anscheinend mit Widderhörnern dargestellt.

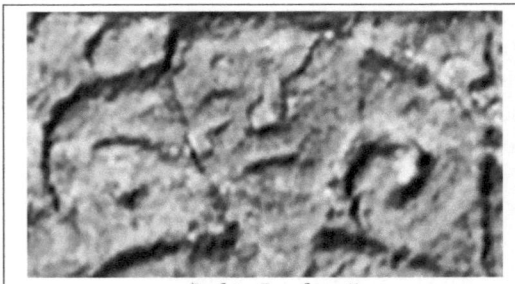

„Lokis Locken"
Stein von Kirkby Stephen

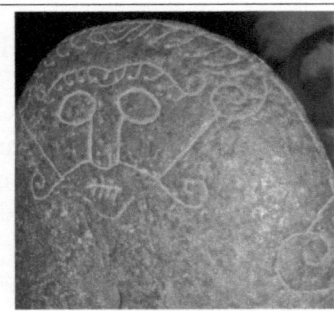

„Lokis Locken", Herdstein von Snaptun

Da Heimdall und Loki in der Gestalt von zwei Robben gegeneinander kämpfen, wäre es nicht verwunderlich, wenn es einst auch das Motiv eines Kampfes dieser beiden Götter in der Gestalt zweier Widder gegeben hätte – zumal die Schafe Land-Herdentiere und die Robben Wasser-Herdentiere sind und sich daher beide Motive auf die Wiederzeugung bzw. den endlosen, zyklischen Kampf zwischen Tyr-Heimdall und Loki um die Herrschaft und um die Jenseitsgöttin (Wiederzeugungs-Geliebte) beziehen könnten.

I 11 c)   Der Riese Midjungr

„Midjungr" wird in den Nafna-Thulur als Name eines Riesen und eines Widders aufgeführt. Man kann daher vermuten, daß „Midjungr" dem „Hallenskidi", also dem Gott Tyr-Heimdall als Widder entspricht.

Der Name dieses Riesen setzt sich aus „mid" für „Mitte, bemerken, markieren" und „jungr" für „jung sein" zusammen. Mit „mid" ist vermutlich die Menschenwelt „Midgard" gemeint und mit „jungr" ein Kind, sodaß sich für den Namen „Midjungr" die Bedeutung „Kind aus Midgard", also „Mann, Mensch" ergibt.

Der Riese hat vermutlich die Gestalt eines Menschen mit Widderhörnern – wie Loki und wahrscheinlich auch Heimdall.

I 11. d)   Die Riesin Guma

„Guma" ist entweder die Feminin-Form zu „gumi" für „Mann" und würde dann „Frau" bedeuten, oder es ist eine Bildung zu „gumarr" für Widder mit der Bedeutung „Schaf".

Die zweite Möglichkeit ist wahrscheinlicher, da der Riesinnen-Name „Frau" sehr allgemein wäre und letztlich nichts über die Riesin aussagt – was nicht zu der Neigung der Germanen zu markanten Bezeichnungen und Formulierungen passen würde.

„Guma" als „Schaf" wäre dann die Jenseitsgöttin als Schaf, wenn der Tote bzw. der Göttervater Tyr-Heimdall oder sein Gegener Loki als Widder erscheint und dann den Namen „Hallinskidi" oder „Midjungr" trägt.

I 11. f) Kenningar

Es gibt zwei Kenningar, die sich auf Hallinskidi (Heimdall) beziehen:

Gold	*Zähne des Hallinskidi*	Heimdall hat goldene Zähne	Glumr Geirason	Grafeldardrapa
großzügiger Mann	*Schreckens-Rune der Zähne des Hallinskidi*	Schreckens-Rune = Zerstörer = Verteiler; Hallinskidi = Heimdall (er hat goldene Zähne)	Glumr Geirason	Grafeldardrapa

Zusammenfassung

Der Gott Heimdall trug den Beinamen „Hallinskidi", der „Hallen-Schiff" bedeutet und sich vermutlich sowohl auf das Jenseitsreiseschiff, das die Toten zu der Halle der Hel fährt, als auch auf die Barke bezieht, in der die Sonne (Tyr-Heimdall) durch die Himmels-Halle fährt. Da mit „Hallinskidi" auch ein Widder bezeichnet werden konnte, muß Heimdall manchmal die Gestalt eines Widders gehabt haben.

Auch Loki, der Widersacher des Tyr-Heimdall, hat auf zwei Darstellungen Widderhörner, weshalb anzunehmen ist, daß Tyr-Heimdall und Loki nicht nur in der Gestalt von zwei Robben, sondern auch in der Gestalt von zwei Widdern miteinander gekämpft haben.

Auch mit dem Namen des Riesen Midjungr konnte ein Widder bezeichnet werden. Vermutlich ist „Midjungr" daher ursprünglich Tyr-Heimdall als Widder im Jenseits gewesen, da die Riesen die Totengeister der Asen ubd insbesondere des ehemaligen Sonnengott-Göttervaters Tyr sind.

Dazu passend gibt es die Riesin Guma, deren Name „Schaf" bedeutet und die daher die Jenseitsgöttin bei der Wiederzeugung gewesen sein wird, wenn sich Tyr-Heimdall bzw. Loki in einen Widder verwandelt haben.

I 12. Heimdall der Weise

I 12. a) Thrym-Lied

In diesem Lied, das auch „Des Hammers Heimholung" genannt wird, hat der Tyr-Riese Thrym Thors Hammer gestohlen und verlangt als Lösegeld für ihn die Göttin Freya.

Dies ist eine der vielen Raubmythen-Varianten, die durch den endlosen, zyklischen Kampf zwischen dem Sommergott Tyr und dem Wintergott Loki um die Herrschaft, die Göttin, den Göttermet, den Halsreif, die Äpfel der ewigen Jungend usw. enstanden sind. Der Halsreif, die Äpfel, der Met usw. waren alles Symbole bzw. Hilfsmittel für die Wiedergeburt, die die Jenseitsgöttin dem Sieger in diesem Kampf gab, nachdem sich dieser mit der Göttin bei der Wiederzeugung im Jenseits vereint hatte.

Bei der Beratung der Götter, wie sie mit der Situation nach dem Raub von Thors Hammer umgehen sollen, hat Heimdall die rettende Idee:

Da hub Heimdall an, der hellste der Asen,
Der weise wie die Wanen war:
„Das bräutliche Linnen legen dem Thor wir an,
Ihn schmücke das schöne, schimmernde Halsband.

Auch laß er erklingen Geklirr der Schlüssel
Und weiblich Gewand umwalle sein Knie;
Es blinke die Brust ihm von blitzenden Steinen,
Und hoch umhülle der Schleier sein Haupt."

Diese List hatte Erfolg und Thor erhielt seinen Hammer zurück.

Heimdall wird hier als weise wie die Wanen (wie Tyr) und auch als listig (wie sein Feind Loki) beschrieben.

„Der hellste der Asen" bedeutet wohl sowohl, daß Heimdall der klügste, weiseste und listigste der Asen war als auch, daß er weiß, d.h. leuchtend war – er wurde auch „der weiße Ase" genannt.

I 12. b) Husdrapa

Der berühmte Verteidiger
des Boden-Streifens der Götter,
der schnell Rat findet, kämpft am Sing-Stein
mit Loki, Farbautis sehr listigem Sohn.

Der „Bodenstreifen der Götter" ist die Regenbogenbrücke. Deren „Verteidiger ist Heimdall.
Hier wird gesagt, daß Heimdall schnell Rat finde, d.h. daß er weise ist.

I 12. c) Lied des Rig

Auch in diesem Lied wird Heimdall „vielkundig", d.h. weise genannt:

Einst, sagen sie, ging / auf grünen Wegen
Der kraftvolle, edle, / vielkundige Ase,
Der rüstige, rasche / Rigr einher.

I 12. d) Odins Rabenzauber

Der Weise frug die Wächterin des Tranks,
Es frug der Nachkomme der Asen und seine Weggefährten,
Ob sie den Ursprung, die Dauer und das Ende
des Himmels, der Hel und der Erde wisse.

Aus dem Zusammenhang ergibt sich, daß der „Weise" der gott Heimdall ist,. seine begleiter sind Loki und Bragi.
Die „*Wächterin des Tranks*", die der „Weise" (Heimdall) hier befragt, ist die Norne Urd.
Die Frage nach dem „Ursprung, der Dauer und dem Ende des Himmels, der Hel und der Erde" ist die umfassendste Frage, die einer Seherin gestellt werden kann. Ihre Antwort ist in der „Seherin Vision", dem ersten Lied der Lieder-Edda niedergeschrieben worden.

Zusammenfassung

Der Gott Heimdall ist hell, weise, viel-kundig und findet schnell Rat. Dies wird auch über den Gott Tyr gesagt, von dem Heimdall offenbar auch diese Eigenschaften übernommen hat.

I 13. Heimdall, der Bote des Odin

I 13. a) Odins Rabenzauber

In diesem Lied aus der Edda wird berichtet, wie Odin aufgrund der unheilverkündenden Träume seines Sohnes Baldur Heimdall, Loki und Bragi in die Unterwelt sendet, um dort etwas über die Bedeutung dieser Träume zu erfahren.

Das Befragen der Toten in schwierigen Situationen war damals eine weitverbreitete Methode. Man setzte sich dazu auf vermutlich meistens auf dem (Hügel-)Grab des Betreffenden auf das Fell eines Herdentieres und rief dann die Toten herbei. In solch ein Fell hüllte man auch die Toten, damit sie die Zeugungskraft des geopferten Herdentieres erhielten, die sie für ihre Wiederzeugung brauchten. Dieses Ritual nannte man „Utiseta", d.h. „Draußensitzen".

Auch von Odin und von Svipdag wird in der Lieder-Edda im Groagaldr und im Fiölswinmal von solch einer Totenbeschwörung berichtet – einmal heißt die beschworene Seherin Wala und einmal Groa.

Im folgenden werden nur die Strophen angeführt, in denen Heimdall direkt oder indirekt erwähnt wird.

Widar wählte den Wächter der Brücke,
Den Gjallar-Bläser, um die Trägerin von Gjallars Sonne zu befragen,
Was sie von den Weltgeschicken weiß.
Ihn geleiten als Zeugen Loptr und Bragi.

„*Widar*" ist ein Beiname Odins, dessen Bedeutung unklar ist. Der „*Giallar-Bläser*" ist Heimdall; „*Gjallar*" („das Laute") ist Heimdalls Horn. „*Loptr*" („Luft") ist ein Beiname des Loki, der auf Lokis Schuhe, mit deren Hilfe er fliegen kann, hinweisen. „*Bragi*" ist der Gott der Dichtkunst und der Mann der Göttin Idun.

„*Gjallar*" („das Laute") ist der tosende Jenseitsfluß, über den die Gjallar-Brücke zum Tor der Hel führt. Die „Sonne des Gjallar-Flusses" ist eine Kenning für „Gold"; die „Trägerin des Goldes" ist eine Kenning für eine Königin, eine vornehme Frau oder auch für eine Göttin. Aus den vorigen Strophen ergibt sich, daß Idun gemeint ist.

Die Skalden konnten durch die Wahl ihrer Kenningar sozusagen „Adjektive" zu dem Beschriebenen hinzufügen oder gewissermaßen Nebensätze bilden, die gezielte Assoziationen bei ihren Hörern hervorriefen. Daher ist die Kenning „Sonne des Gjallar-Flusses" hier sicherlich nicht zufällig statt z.B. der Kenning „Feuer des Meeres", die ebenfalls „Gold" bedeutet, gewählt worden. Der Skalde wollte offenbar auf den Zusammenhang zwischen Idun und dem Eingang in das Jenseits hinweisen.

In derselben Weise wird auch die „Sonne" hier auf eine Qualität der Idun anspielen: auf ihre freundliche Wärme, auf ihre Wichtigkeit für die Götter u.ä.

Das Stehen der Idun auf der Gjallarbrücke entspricht der Deutung der „Nauma" als Idun auf oder hinter dem Jenseitsfluß „Nauma" in der vorigen Strophe.

Idun wird hier als Seherin aufgefaßt. Dies stimmt mit dem Ort, an dem Idun gerade steht überein, da das Wissen über die Zukunft aus dem Jenseits kommt und sozusagen über die Gjallar-Brücke, auf der Idun gerade steht, ins Jenseits gelangt – die Seherinnen stehen an der Grenze zwischen den beiden Welten.

In dieser Strophe wird berichtet, daß Odin Heimdall in Begleitung von Loki und Bragi aussendet, die Seherin-Göttin auf der Gjallar-Brücke vor dem Tor in die Unterwelt nach einer Deutung der Träume des Baldur und ihrer Bedeutung zu fragen. Diese Göttin ist Idun und zugleich auch Nanna, Urd und Hel, die bereits genannt worden sind.

Heimdall geht auf diese Reise, weil er als der ehemalige Sonnegott-Göttervater Tyr den Weg in das Jenseits und von dort aus zurück in das Diesseits gut kennt und als Sonne jeden Tag gegagen ist.

Auch Loki kennt diesen Weg sehr gut, da Tyr den Loki in jedem Frühjahr getötet hat, aus dem er dann im Herbst zurückgekehrt ist.

Bragi als Gott der Dichtkunst ist schließlich eng mit dem Skalden-Met verbunden, der ursprünglich der Met gewesen ist, der den Toten bei seiner Bestattung auf dem Weg in das Jenseits half – wo ihm an der Jenseitsflußbrücke von einer Walküre ein Horn mit Met gereicht worden ist.

Der Weise frug die Wächterin des Tranks,
Es frug der Nachkomme der Asen und seine Weggefährten,
Ob sie den Ursprung, die Dauer und das Ende
des Himmels, der Hel und der Erde wisse.

Die „*Wächterin des Tranks*", die der „*Weise*" (Heimdall) hier befragt, ist die Norne Urd, die offenbar mit Idun identisch ist.

Die Frage nach dem „Ursprung, der Dauer und dem Ende des Himmels, der Hel und der Erde" ist die umfassendste Frage, die einer Seherin gestellt werden kann. Ihre Antwort ist in der „Seherin Vision", dem ersten Lied der Lieder-Edda niedergeschrieben worden.

So sahen die Asen den Zustand der Jorunn:
überschwemmt von Sorgen, als keine Antwort von ihr kam.
Sie drängten stärker, als die Antwort verweigert wurde,
doch all ihre Worte waren ohne Nutzen.

„*Die Asen*" sind Heimdall, Loki und Bragi.

„*Jorunn*" ist wahrscheinlich der Beiname oder eine Kenning der Erdgöttin oder der Norne Urd, da er sich aus „Jörd" für „Erde" und aus „Run" für „Zeichen, Geheimnis" zusammensetzt und daher „Erd-Geheimnis" oder „Erd-Rune" bedeutet.

Der Skalde hat in diesem Lied mittlerweile sechs Göttinnennamen benutzt und sie miteinander gleichgesetzt: Urd, Idun, Nauma, Hel, Gefion und Jorun. Sie entspricht auch der Groa und der Wala.

Da fuhr hinweg der Führer der Gruppe,
Der Hüter von Herians gellendem Horn.
Den Sohn der Nal nahm er zum Begleiter;
Als Wächter der Erde blieb Grimnirs Skalde.

„*Herian*" („Heerführer") ist ein Beiname des Odin. Ihm gehört offensichtlich Heimdalls Horn. Der „*Hüter von Herians gellendem Horn*" ist Heimdall, der das „*gellende Horn*", wie es an dieser Stelle scheint, nur von Odin geliehen erhalten hat. Heimdall ist „der Führer der Gruppe".

„*Nal*" („Nadel"), die auch Laufey („Laubinsel") genannt wird, ist die Mutter des Loki – der Sohn der Nal ist folglich Loki. Ihr Name „Nal" („Nadel") könnte sie als Norne bezeichnen, da diese Spinnerinnen des Schicksalsfaden auch als Weberinnen aufgefaßt wurden – eine Auffassung der Nornen auch als als Näherin läge folglich sehr nahe.

„*Grimnir*" ist ein Beiname des Odin. „*Grimnirs Skalde*" (Dichter) ist folglich Bragi. Er blieb bei der Erde, womit an dieser Stelle wohl seine Frau Idun gemeint ist, die hier als Erdgöttin oder Jenseitsgöttin (die Unterwelt liegt unter der Erde) aufgefaßt wird.

Bragi scheint hier als mit Baldur identisch angesehen zu werden, da Bragi in der Unterwelt bleibt. Das bedeutet, daß Bragi und Idun vermutlich dieselbe Mythe hatten wie Baldur und Nanna. Diese Deutung ist aber nicht sicher.

Idun erscheint in diesem Lied deutlich archaischer als Nanna und hat auch einige Ähnlichkeit mit Freya, die ebenfalls eine Totengöttin ist.

Nach Wingolf kehrten Widars Gesandte zurück,
Beide von Forniots Söhnen getragen.
Unverzüglich traten sie ein und grüßten die Asen,
Yggrs Gefährten beim fröhlichen Bier-Fest.

„*Widar*" und „*Yggr*" sind Beinamen des Odin. „*Wingolf*" („Haus der Freundschaft") ist ein Gebäude neben Odins Halle Walhalla. „*Widars Gesandte*" sind jetzt nur noch Heimdall und Loki, da Bragi bei seiner Frau Idun in der Unterwelt geblieben ist.

„*Forniot*" ist der Vater des Ägir (Meeresgott), des Logi („Feuer") und des Kari (Gott des Windes). „Forniot" bedeutet „uralter Riese", womit sowohl der ehemalige Göttervater Tyr als auch der Urriese Ymir gemeint ist, die beide oft einander gleichgesetzt worden sind. Ägir ist der Gott Tyr in der Wasserunterwelt. Forniot ist der alte, am Abend sterbende Sonnengott-Göttervater und Ägir als sein Sohn der junge Sonnengott-Göttervater – sie tragen hier allerding schon beide Namen des alten, gestorbenen Tyr-Riesen in der Unterwelt. Ägir repräsentierte zusammen mit seinen beiden Brüdern die drei Stände der Germanen.

„*Forniots Söhne*" tragen offenbar zwei von Odins Gesandten nach Asgard zurück – Bragi ist bei Idun (im Jenseits) geblieben. Da einer der drei Söhne des Forniot der Windgott Kari ist, könnte das Getragenwerden der beiden Asen von Forniots Söhnen eine Umschreibung für „durch die Luft fliegen" sein – zumal Loki Schuhe besitzt, mit denen er fliegen kann, und Heimdall meistens auf der Regenbogenbrücke Wache hält, wobei er ja auch „in der Luft steht".

„*Heil Dir, Hangatyr, glücklichster Ase,*
Mögest Du auf dem Hochsitz des Mets walten!"
„*Setzt euch in Freuden, ihr Götter, zum Trink-Fest,*
Mögt ihr zusammen mit Yggjungur ewigen Segen genießen!"

Die beiden ersten Zeilen spricht vermutlich Heimdall als der Leiter der Jenseitsreise-Gesandtschaft des Odin.

„*Hangatyr*" bedeutet „Hängender Tyr", d.h. „Hängender Gott". Dies ist ein Beiname des Odin, der sich darauf bezieht, daß Odin einst am Weltenbaum gehangen hat, als er nach Weisheit gesucht hat. Dieses Motiv stammt aus der Schamaneneinweihung, bei der der Einzuweihende vermutlich an einem Baum hing und in einen wassergefüllten Schacht hinuntergelassen wurde, der die Unterwelt symbolisierte – zumindestens war dies das Verfahren bei den Druiden-Einweihungen der Kelten, die die Nachbarn und nahen Verwandten der Germanen gewesen sind.

„*Yggjungur*", also „Junge des Ygg" im Sinne von „Nachkomme des (Gottes) Ygg" ist einer der vielen Beinamen des Gottes Odin. „Yggr" bedeutet „Schrecken", vielleicht aber auch „Pflock". Im ersten Fall wäre der Weltenbaum „Ygg-Drasil" das „Pferd des Schreckens", womit dann wohl Odins achtbeiniges Roß Sleipnir als derjenige, der die Toten ins Jenseits bringt, gemeint wäre, während im zweiten Fall der Weltenbaum der Pflock wäre, an den Odin sein Pferd anbindet, wenn er ins Jenseits reist.

Eigentlich ist es ein Widerspruch, wenn Odin zugleich „Ygg" und „Nachkomme des Ygg" genannt werden kann – es sei denn, man geht von dem Motiv der Wiederzeugung und der Wiedergeburt aus, durch die ein Toter oder ein Schamane im Jenseits zu seinem eigenen Sohn wird.

Mancherlei frugen bei dem Mahle
Die Götter den Heimdall, die Göttinnen den Loki:
ob ihnen die Frau Weisagung oder Weisheit gegeben hat –
den ganzen Tag frugen sie bis das Zwielicht kam.

Die „*Frau*" ist Idun/Nanna/Urd/Hel, also die Jenseitsgöttin, die alles weiß, was in der Welt geschah, geschieht und noch geschehen wird.

Übel, sagten sie, sei es ihnen mit ihrer nutzlosen Botenfahrt
Von geringem Ruhm ergangen;
Es zeigte sich, daß es schwer ist, die List zu finden,
mit der von der Frau eine Antwort zu erhalten ist.

Zusammenfassung

Die neue Erkenntnis über Heimdall, die dieses Lied enthält, ist vor allem, daß der Regenbogenbrücken-Ase nicht nur ein Wächter auf der Brücke zwischen dem Diesseits und dem Jenseits war, sondern auch ein Jenseitsreisender.

Dieser Charakterzug des Heimdall scheint recht ausgeprägt gewesen zu sein, da Odin diesen Asen als Leiter seiner Gesandtschaft wählt. Der Grund dafür wird sein, daß Heimdall auf den ehemaligen Sonnengott-Göttervater Tyr zurückgeht, der als Sonnengott täglich zweimal den Weg zwischen Diesseits und Jenseits gereist ist.

I 14. Sonstiges

I 14. a) Gylfis Vision

In der Beschreibung der Bestattung des Baldur wird in der Edda über Heimdall nur erwähnt, daß er auch zu der Zeremonie geritten kommt.

Und diesem Leichenbrand wohnten vielerlei Gäste bei: zuerst ist Odin zu nennen, und mit ihm fuhr Frigg und die Walküren und Odins Raben, und Freyr fuhr im Wagen und hatte den Eber vorgespannt, der Gullinbursti hieß oder Slidrugtanni. Heimdall ritt den Hengst Gulltopp und Freyja fuhr mit ihren Katzen. Auch kam eine große Menge Hrimthursen und Bergriesen.

I 14. b) Husdrapa

Auch in der von dem Skalden Ulfr Uggason verfaßten Husdrapa wird gesagt, daß auch Heimdall zu der Bestattung des Baldur kommt. Es findet sich in dieser Strophe der Husdrapa jedoch nichts Neues über den Gjallarhorn-Asen.

Sein Roß spornt der herrliche Heimdall an
hin zu dem Scheiterhaufen,
den die Götter für den gefallenen Sohn
des all-weisen Raben-Herrn bereitet haben.

I 14. c) Heimskringla

In diesem halbhistorischen Geschichtswerk des Snorri Sturluson wird an einer Stelle Heimdall erwähnt – allerdings enthält auch diese Textstelle keine neuen Informationen übe diesen Asen.

Odin gründete seine Hauptstadt am Mälar-See an dem Ort, der heute Alt-Sigtun genannt wird. Dort errichtete er einen großen Tempel, in dem gemäß den Bräuchen der Asen-Land-Leute geopfert wurde. Er nannte das ganze Land sein eigen und nannte es Sigtun. Den Priestern der Tempel gab er ebenfalls Ländereien. Njörd wohnte in Noatun, Freyr in Upsal, Heimdall in Himinbjerg, Thor in Thrudvang, Baldur in

Breidablick – ihnen allen gab er gute Besitztümer.

I 14. d) Sögubrot af nokkrum fornkonungum

In diesem „Saga-Bruchstück über einige Könige aus alter Zeit" aus Dänemark und Schweden" werden in einer Traumdeutung mehrere Götter erwähnt, zu denen auch Heimdall gehört.

Als die Neuigkeit von der Heirat von Aud der Tiefsinnigen bis zu ihrem Vater König Ivar dem Weitumfassenden gelangte, fand er es unverschämt, daß König Radbard sie ohne seine Erlaubnis geheiratet hatte.

Der Beiname „Weitumfassender" des schwedischen Königs Ivar, der von ca. 620-700 n.Chr. lebte, bezog sich darauf, daß ihm Königreiche von Großbritannien bis Rußland Tribut zahlen mußten.

Da versammelte er ein großes Heer aus seinem gesamten Reich, aus Schweden und Dänemark. Er versammelte ein so großes Heer, daß er mehr Schiffe hatte als man zählen konnte. Er brach mit seinem Heer auf und zog nach König Radbards Land östlich des Baltikums und erklärte, daß er dessen gesamtes Königreich verwüsten und versengen werde.

König Ivar war damals bereits sehr alt. Und als er seine Heeresmacht nach Osten in den Golf von Finnland gebracht hatte, beabsichtige er, seine Schiffe mit seinem Heer dort zu verlassen, wo das Reich des Königs Radbard begann.

Da geschah es eines Nachts, als der König auf dem Achterdeck seines Schiffes schlief, daß er träumte, daß ein großer Drache von dem Meer her geflogen kam und Funken von ihm aufflogen wie Funken von einer Schmiede und alle Länder rings um ihn her erleuchteten. Hinter ihm flogen alle Vögel her – es schienen ihm alle Vögel der Nordlande zu sein. Dann sah er eine große Wolke von Norden her nahen und er sah, daß sie so große Regen und so große Stürme brachte, daß er dachte, daß alle Wälder und alle Länder von dem Wasser, das herniederströmte, fortgespült werden würden. Mit ihr kamen Donner und Blitze. Und als der große Drache vom Meer aus über das Land flog, da kam über ihn der Regen und der Sturm und eine solch große Finsternis, daß er ab dem Augenblick weder den Drachen noch die Vögel mehr sehen konnte, auch wenn er den großen Lärm der Donner und des Sturmes hören konnte. Das Unwetter zog nach Süden und nach Westen und umgab sein ganzes Reich. Und ihm schien, daß er da nach seinen Schiffen blickte und sie waren zu nichts anderem als zu Walen geworden, alle von ihnen, und sie schwammen ins Meer hinaus.

Und er erwachte und rief seinen Ziehvater Hord zu sich und erzählte ihm seinen Traum und bat ihn, ihn ihm zu deuten.

Hord sprach, daß er zu alt sei, um zu wissen, wie man Träume verstehen müsse. Er stand auf einem Felsen unterhalb des Endes des Piers, während der König auf dem Achterdeck lag und eine Ecke seines Zeltes angehoben hatte, während sie miteinander sprachen.

Der König war in einer schlechten Stimmung und sprach: „Komm an Bord, Hord, und deute meinen Traum!"

Hord sprach, er könne nicht an Bord kommen, „aber Dein Traum braucht keine Deutung. Du kannst selber sehen, was er bedeutet und daß es sehr wahrscheinlich, daß es bald eine Veränderung des Herrschers in Schweden und Dänemark gibt. Und nun ist die Gier des Grabes über Dich gekommen, der Hunger, der das Ende eines Menschen ankündet – dieser Gedanke von Dir, Dir alle Reiche zu unterwerfen – aber was Du nicht weißt, ist, daß das Ergebnis Dein Tod sein wird und daß Deine Feinde Dein Königreich besitzen werden."

Der König sprach: „Komm her und sprich Deine Schicksals-Prophezeiungen!"

Hord sprach: „Hier will ich stehen und von hier aus sprechen."

Der König sprach: „Wer war Halfdan der Tapfere unter den Asen?"

Hord antwortete: „Er war Baldur unter den Asen und all die Götter weinten – im Unterschied zu Dir."

„Du sprichst gut," sagte der König, „komm her und sage mir Deine Botschaften!"

Hord sprach: „Hier will ich stehen und von hier aus sprechen."

Der König sprach: „Wer war Hroerek unter den Asen?"

Hord antwortete: „Er war Hönir, der der ängstlichste unter den Asen war, auch wenn er schlecht zu Dir gewesen ist."

„Wer war Helgi der Kühne unter den Asen," sprach der König.

Hord antwortete: „Er war Hermod, der den größten Mut hatte und Dir nicht gut gesonnen war."

Der König frug: „Wer war Gudrod unter den Asen?"

Hord antwortete: „Er war Heimdall, der der närrischste unter den Asen war, auch wenn er schlecht zu Dir gewesen ist."

Der König sprach: „Wer bin ich unter den Asen?"

Hord antwortete: „Du mußt die Schlange sein, die das Schlimmste in der Welt ist, die, die sie Midgardschlange nennen."

Der König antwortete sehr wütend: „Wenn Du mein Verhängnis verkündest, dann laß mich Dir sagen, daß Du nicht mehr länger leben wirst, denn ich kenne Dich, dort wo Du stehst, Du großer Thurse! So fahre selber zur Midgardschlange und laß uns sehen, wer von uns der bessere ist, wenn es zum Kampf kommt!"

Da sprang der König vom Achterdeck herab und er war so wütend, daß er durch die untere Ecke des Zeltes sprang. Hord stürzte hart von dem Felsen und stürzte in das Meer und das war das letzte, was die Wächter auf dem Schiff des Königs jemals von ihnen beiden sahen.

Der Drache und die vielen Vögel sind der König und sein Heer. Der Sturm ist sein nahender Tod und die Dunkelheit sein Ende. Die Wale sind die daraufhin führerlosen Schiffe, die heimkehren.

Die Fragen des Königs und die Schicksalsprophezeiungen des Hord machen den Eindruck, als ob sie in einer bestimmten Tradition ständen, die beiden gut bekannt ist – eine Art Frage-und-Antwort-Dialog, der evtl. eine feststehende Form war, in der man damals möglicherweise ein Orakel oder eine Seherin befragte.

Hord ist Odin in der Verkleidung seines Ziehvaters – Odin ist oft der Todesbote der ein Leben lang von dem Göttervater beschützten und daher immer siegreichen Könige in den Sagas. Am ausführlichsten ist dies in der Völsungen-Saga in der letzten Schlacht des Königs Sigmund, dem Vater des Sigurd/Siegfried beschrieben worden.

Halfdan, Hroerek, Helgi der Kühne und Gudrod sind Könige gewesen, die möglicherweise von König Ivar als seine Vorfahren angesehen worden sind. König Halfdan ist ein König der Dänen gewesen und herrschte von ca. 580-620 n.Chr. Er war ein Nachkomme von König Scyld, der ein Sohn des Odin war. Hroerek und Helgi der Kühne waren Söhne des Königs Halfdan. Ein dänischer König Gudrod ist nur aus der Zeit um 800 n.Chr., also 100 Jahre nach dem von 620-700 n.Chr. lebenden König Ivar bekannt.

Vermutlich waren diese vier Könige die direkten Vorfahren des Königs Ivar. Die Zeitangaben sind nur sehr grobe Schätzungen und die Reihenfolge von Hroerek und Helgi dem Kühnen ist ungewiß – sie kann auch andersherum gewesen sein als unten angeführt. Aus der Njals-Saga sind die direkten Vorfahren von Ivar bekannt, sodaß sich der Stammbaum der Skyldinge von Halfdan bis hin zu Ivar recht sicher rekonstruieren läßt:

- Odin
- Scyld, erster König von Dänemark
- … … …
- **Halfdan der Tapfere**, König von Dänemark von ca. 580-620 n.Chr.
- **Helgi der Kühne** Halfdan-Sohn, König von Dänemark
- **Gudrod**, vermutlich ein Sohn des Helgi, König von Dänemark
- **Hroerek** Halfdan-Sohn, König von Dänemark
- Valdar Hroerek-Sohn, König von Dänemark
- Harald der Alte Valdar-Sohn, König von Dänemark
- Halfdan der Tapfere Harald-Sohn, König von Dänemark
- **Ivar der Weitumfassende** Halfdan-Sohn, König von Dänemark von ca. 650-700 n.Chr.

Der Dialog zwischen Odin/Hord und König Ivar ist anscheinend ursprünglich eine Art Anrufung der Ahnen des Königs gewesen, die der Befragung dieser Ahnen über das Schicksal des Königs vorausging. Odin-Hord hat diese Anrufung hier jedoch in einen Fluch umgewandelt.

Zu der Auffassung dieses Dialoges als einer Ahnen-Anrufung paßt auch, daß König Ivar sich erkundigt, zu welchem Göttern seine Königs-Vorfahren geworden sind. Dies zeigt u.a., daß sich die Könige zumindestens nach ihrem Tod mit einem der Asen identifizierten. Dies läßt vermuten, daß sich diese Könige auch schon bei ihrer Krönung mit der entsprechenden Gottheit vereinten und dann während ihrer Herrschaftszeit unter deren Schutz standen. Diese Auffassung des Königtums ist weltweit verbreitet.

Die fünf Könige sind Odin zufolge zu folgenden Göttern bzw. mythologischen Wesen geworden:

\multicolumn{4}{c}{**die Dänenkönige und ihre Schutzgottheiten**}
König	***Gott***	***Beschreibung des Gottes***	***Kommentar zu Ivar***
Halfdan der Tapfere	*Baldur*	*all die Götter weinten*	*„Du hast nicht geweint."*
Hroerek	*Hönir*	*der ängstlichste unter den Asen*	*„Er war schlecht zu Dir."*
Helgi der Kühne	*Hermod*	*er hat den größten Mut*	*„Er war Dir nicht gut gesonnen."*
Gudrod	*Heimdall*	*der närrischste unter den Asen*	*„Er war schlecht zu Dir."*
Ivar der Weitumfassende	*Jörmungandr*	*Du must die Schlange sein, die das Schlimmste in der Welt ist, die, die sie Midgardschlange nennen.*	

Die Aussage zu Baldur ist leicht verständlich, da Baldur aus dem Jenseits zurückgekehrt wäre, wenn alle Wesen um ihn geweint hätten. Da nur Loki in der Gestalt der Riesin Thöck sich zu weinen weigerte, setzt Odin hier König Ivar dem Loki gleich.

Der Ase Hermod ist vermutlich deshalb der Mutigste, weil er auf Friggs Bitte hin die Fahrt in Jenseits unternommen hat, um zu versuchen, ihren Sohn Baldur von Hel zurückzuholen. Wenn dieser Schamanengott schlecht zu Ivar gewesen ist, daß könnte dies bedeuten, daß er die Verbindung zwischen Ivar und den Göttern aufgelöst hat, was das Ende des Königtums des Ivar bedeuten würde – oder Hermod hat Ivar in das Jenseits begleitet, was eine Todesankündigung wäre.

Heimdall wird der närrischste unter den Asen genannt – der Grund für diese

Aussage ist recht unklar. Vielleicht weil er als Wächter so oft draußen im Regen stehen mußte? Damit wird er von Loki in der Lokasenna verspottet.

Heimdall ist eine Gestalt des früheren Göttervaters Tyr und verkörpert einige seiner Aspekte. Wenn er dem Ivar nicht gut gesonnen war, dann bedeutet dies das Ende der Verbindung zwischen dem König und dem Göttervater. All dies sind letztlich auch Bilder dafür, daß Odin (Hord) dem Ivar die ihm bei seiner Krönung verliehende Gunst und seinen Schutz und seine Macht entzieht und ihm seinen kurz bevorstehenden Tod ankündigt.

Der Vergleich des Ivar mit der Midgardschlange stellt Ivar zunächst als das Wesen dar, das von Thor getötet wird – ein deutlicher Hinweis auf Ivars nahendes Ende. Zudem nehmen die Toten den Vorstellungen der Germanen zufolge in ihrem Hügelgrab die Gestalt einer Schlange oder eines Drachen an, sodaß der Vergleich des Ivar mit Jörmungandr auch eine Umschreibung dafür ist, daß Ivar nun zu einem Drachen werden, d.h. sterben wird.

Schließlich bleibt noch die Gleichsetzung des Königs Hroerek mit dem Gott Hönir. Zunächst einmal wird Hönir wie die anderen Götter und Wesen wohl auch etwas mit dem Königtum zu tun gehabt haben. Daß er schlecht zu Ivar gewesen ist, wird wie bei Heimdall und Hermod wohl bedeuten, daß die Verbindung zwischen König Ivar und den Göttern von Hönir durchtrennt worden ist. Wenn der König von dem Priester, dessen Urbild Hönir ist, gekrönt worden ist, d.h. wenn der Priester-Gott Hönir die Verbindung des Königs zu dem Göttervater hergestellt hat, ist es plausibel, daß er sie auch wieder auflösen kann. Die Bezeichnung des Hönir als des ängstlichsten aller Asen ist vielleicht dadurch zu erklären, daß er als Priester-Schamane kein Krieger ist. Vielleicht liegt dem aber auch eine unbekannte Mythe zugrunde.

Zusammenfassung

In diesen vier Texten finden sich keine neuen Informationen über den Gott Heimdall.

I 15. Zusammenfassung

Der Wächter der Asen

Der Ase Heimdall ist um ca. 500 n.Chr. durch die teilweise Umgestaltung der Mythen des ehemaligen Sonnengott-Göttervaters Tyr entstanden, der um 500 n.Chr. von Thor und Odin abgesetzt worden ist.

Dabei ist aus dem Sonnengott-Göttervater, die am Morgen den Regenbogen entlang am Himmel aufsteigt, der Wächter auf der Regenbogenbrücke geworden, der dem neuen Göttervater Odin unterstand. Alte Mythen lassen sich am einfachsten umformen, indem man möglichst viele Elemente beibehält, aber sie in einen neuen Zusammenhang stellt ...

Heimdall erscheint jedoch noch in „Odins Rabenzauber" als Jenseitsreisender – wenn auch im Dienst und Auftrag des Odin. Wie Tyr ist auch Heimdall in den neuen Odin-zentrierten Mythen als Sohn des Odin aufgefaßt worden.

Als Wächter der Götter hat Heimdall natürlich auch „göttliche" Augen und Ohren, d.h. er kann extrem gut sehen und hören.

Als Wächter auf der luftigen Regenbogenbrücke wird er auch „Windhelm" genannt – möglicherweise jedoch auch, weil der Adler-Seelenvogel des Tyr („Hraesvelgr") mit seinen Schwingen den Wind verursacht und der Goldhelm ursprünglich ein Symbol des Tyr gewesen ist.

Diese Wächterfunktion erscheint auch bei dem Riesen „Vörnir" („Wächter"). Er ist vermutlich Tyr-Heimdall als Riese im Jenseits.

Aus dem goldenen Ritual-Trinkhorn des Tyr wurde bei seiner Umdeutung zum Asen-Wächter Heimdall ein Signalhorn.

Die Halle des Heimdall

Heimdalls Halle „Himmels-Hügel" steht am Horizont – dort, wo auch der Tyrs Adler-Seelenvogel Hraesvelgr sitzt. Heimdalls Halle ist aus dem Hügelgrab des Tyr weiterentwickelt worden, das am Rand des Himmels liegt. Dort sitzt auch der Adler-Seelenvogel des Tyr und dort steht auch Heimdalls Halle Himinbjörg, der „Himmels-Hügel". Dort am Horizont endet auch die Regenbogenbrücke, die aus der Unterwelt heraus hinauf nach Asgard führt.

Der Opferplatz in Heimdalls Halle könnte ursprünglich der „Adler-Hügel", also das Hügelgrab des Tyr gewesen sein, auf dem dem ehemaligen Sonnengott-Göttervater Tyr in dessen Gestalt als Adler (größter Seelenvogel) geopfert worden ist.

Der Name „Heimdall"

Der Name „Heimdall" bedeutet „Heim-Tal" oder „Heimat-Tal", womit Midgard, die Welt der Menschen gemeint sein wird.

Das Gegenstück zu „Heimdall" ist „Sökkdal", das eine Bezeichnung für das Jenseits ist. Heimdall ist somit ein Diesseits- und Tages-Gott – eine Weiterentwicklung aus dem Sonnengott-Göttervater Tyr.

Tyr und Heimdall

Heimdalls Ursprung in Tyr läßt sich u.a. daran erkennen, daß Heimdall „weiß", d.h. „leuchtend" (Sonne) sowie groß und hehr (ranghoch, wichtig) ist. Auch Heimdalls goldene Zähne sind eine Erinnerung an das Haupt des Tyr, das einst wie Tyrs Goldhelm als die Sonne angesehen worden ist.

Auch das Schwert des Tyr ist golden-flammend „wie die Sonne" gewesen und erscheint in den Mythen u.a. als das Schwert des Tyr-Riesen Surtur. Da der Kopf des ehemaligen Sonnengott-Göttervaters als Sonne angesehen worden ist, konnte sein goldener Sonnen-Kopf dem goldenen Sonnen-Schwert gleichgesetzt werden, wodurch Heimdalls Schwert den Namen „Heimdalls Haupt" erhielt: „Schwert = Sonne" + „Kopf = Sonne" => „Kopf = Schwert".

Heimdalls Beiname „Hallinskidi" („Hallen-Schiff") bezeichnet wahrscheinlich das Schiff, in dem die Sonne über den Himmel fährt. So wie „Heimdall" eine Umschreibung für Midgard ist, ist „Hallinskidi" eine Umschreibung für das Sonnenschiff – aus beiden Bezeichnungen aus den Tyr-Mythen sind Namen für den den zum Asen-Wächter umgedeuteten Tyr geworden.

Zu der früheren Gold-Sonne-Symbolik des Tyr gehört auch Heimdalls Roß „Goldlocke", dessen Ähnlichkeit mit den beiden goldmähnigen und goldhufigen Schimmeln vor dem Sonnen-Streitwagen des Tyr unübersehbar ist.

Heimdall ist der Sohn eines Asen, womit der alte Tyr gemeint sein wird, der am Abend stirbt und sich in der Unterwelt zusammen mit der Jenseitsgöttin selber wiederzeugt. Daher erhält Heimdall seine Macht aus der Erde (Erd-Unterwelt – Hel), aus der See (Wasserunterwelt – Ran) und von der Sonne (alter Tyr).

Als Weiterbildung und Umdeutung des ehemaligen Sonnengott-Göttervaters wird er noch immer am Anfang des Tages am Rand des Himmels wiedergeboren – er ist die am Morgen aufsteigende Sonne.

Da Heimdall seine Wurzeln in dem ehemaligen Göttervater und Kriegs- und Schwertgott Tyr hat, ist er auch ein „Wunder an Stärke", die er jedoch friedenbringend nutzt.

Heimdall wurde „Rig", d.h. „Herrscher, König" genannt. Da dieser Titel nur dem Göttervater zusteht, muß Heimdall der Göttervater gewesen sein, was seine Identität mit dem ehemaligen Sonnengott-Göttervater Tyr bestätigt.

Rig-Heimdall erschafft die drei Stände als seine drei Söhne. Auch dieses Motiv ist von Tyr gut bekannt.

Rig ernennt den König, nachdem er ihm zuvor alles einschließlich der Runenmagie gelehrt hat, die ursprünglich von Tyr stammt.

Die Prüfung, die der angehende König unter der Aufsicht des Rig-Heimdall bestehen mußte, geht auf die Jenseitsreise bei der Krönung des angehenden Königs zurück. Nach der bestandenen Prüfung durfte sich der König nun auch selber „Rig", d.h. „Herrscher" nennen.

Über seinen Sohn Dan ist Rig-Heimdall der Urahn der dänischen Könige. Diese Stellung hat stets der Göttervater inne.

Die Menschen und die Asen wurde „Söhne des Heimdall" genannt, was noch einmal zeigt, daß Heimdall der Göttervater gewesen sein muß, d.h. daß er aus einem Beinamen des Tyr oder aus einem Teil seiner Mythen entstanden sein muß.

Der Gott Heimdall ist hell, weise, viel-kundig und findet schnell Rat. Dies wird auch über den Gott Tyr gesagt, von dem Heimdall offenbar auch diese Eigenschaften übernommen hat.

Die Mütter des Heimdall

Die neun Mütter dieses Asen sind die Jenseitsgöttin, da die „9" bei den Germanen ein Adjektiv mit der Bedeutung „zum Jenseits gehörig" gewesen ist. Diese Jenseitsgöttin hat einst an jedem Morgen die Sonne, d.h. den Gott Tyr, wiedergeboren.

Heimdall ist der Sohn der Riesin Ulfruna, die auch als eine seiner „neun Mütter" erscheint. Ulfruna, deren Name „Wolfs-Geheimnis" bedeutet, ist mit Jarnsaxa identisch, die ebenfalls eine seiner neun Mütter ist. Sie ist die Mutter der Wölfe und somit auch die Mutter des Tyr-Heimdall, der als der Gott der Wolfs-Ekstasekrieger der Riesen-Wolf Fenrir ist. Auch Tyrs zwei Söhne („Alcis") können als Wölfe erscheinen.

Heimdall, Loki und Freya

Loki raubt der Göttin Freya deren Halsreif Brisingamen. Heimdall holt den Halsreif von ihm zurück. Dabei kämpfen beide in der Gestalt von zwei Robben miteinander. Auch Freya erscheint in einer Mythe als Seekuh, also als sozusagen als „große

Robbe".

Die glühende goldene Sonnen-Kugel des Königs Gudmund (Tyr im Jenseits) wurde auch als „Seehund-Kopf" bezeichnet. Auch sie ist mit Heimdall verbunden, da Heimdall und Loki in der Gestalt von zwei Seehund miteinander um die „Meeres-Niere" (Brisingamen, Sonne, Tyr-Gudmunds Goldkugel) gekämpft haben.

Im Zusammenhang mit dem Kampf zwischen Heimdall und Freya wird der Halsreif der Göttin „Meeres-Niere" genannt – vermutlich, weil er sich in der Wasserunterwelt befindet.

Die Robbengestalt des Heimdall und des Loki sowie die Seekuh-Gestalt der Freya stammen vermutlich aus den Wiederzeugungs-Vorstellungen, in denen der Tote und die Jenseitsgöttin mit einem in Herden lebenden Tier identifiziert worden sind, da die Herdentiere offensichtlich sowohl fruchtbar als auch zeugungskräftig sind.

Vermutlich aufgrund der Robbengestalt der beiden Götter wurde deren Kampf auch „Ringkampf" genannt – als Robben haben die beiden keine Waffen.

Der Ort des Kampfes zwischen Heimdall und Loki ist entweder der Singstein, der ein Hügelgrab, an dem bei der Bestattung Lieder gesungen wurden, ist oder eine Schäre, also eine bei Flut überspülte Insel. Beide Orte waren Jenseitstore.

Die Wiederzeugung erscheint in der Lokasenna als die Vereinigung der Freya-Gefiun mit einem „weißen Jüngling", der Tyr-Heimdall sein wird, da dieser als „Weißer Gott", d.h. „Strahlender Gott" (Morgensonne) bezeichnet worden ist.

In späterer Zeit sind aus dieser Mythe mehrere vier Motive entstanden: 1. Loki und Heimdall erschlangen einander beim Ragnarök. 2. Heimdall ist wie Tyr der Sohn des Odin. 3. Freya verursacht einen endlosen Krieg zwischen den beiden Königen Hedin (Tyr) und Högni (Loki). 4. Eine Robbe (Freya) sendet aus dem meer (Wasserunterwelt) den Menschen ein Heilmittel.

Der Gott Heimdall trug den Beinamen „Hallinskidi", der „Hallen-Schiff" bedeutet und sich vermutlich sowohl auf das Jenseitsreiseschiff, das die Toten zu der Halle der Hel fährt, als auch auf die Barke bezieht, in der die Sonne (Tyr-Heimdall) durch die Himmels-Halle fährt. Da mit „Hallinskidi" auch ein Widder bezeichnet werden konnte, muß Heimdall manchmal die Gestalt eines Widders gehabt haben.

Auch Loki, der Widersacher des Tyr-Heimdall, hat auf zwei Darstellungen Widderhörner, weshalb anzunehmen ist, daß Tyr-Heimdall und Loki nicht nur in der Gestalt von zwei Robben, sondern auch in der Gestalt von zwei Widdern miteinander gekämpft haben.

Auch mit dem Namen des Riesen Midjungr konnte ein Widder bezeichnet werden. Vermutlich ist „Midjungr" daher ursprünglich Tyr-Heimdall als Widder im Jenseits gewesen, da die Riesen die Totengeister der Asen ubd insbesondere des ehemaligen Sonnengott-Göttervaters Tyr sind.

Dazu passend gibt es die Riesin Guma, deren Name „Schaf" bedeutet und die daher die Jenseitsgöttin bei der Wiederzeugung gewesen sein wird, wenn sich Tyr-Heimdall bzw. Loki in einen Widder verwandelt haben.

Heimdalls Sippe

Im Gegensatz zu fast allen anderen Gottheiten sind von Heimdall keine Verwandten bekannt – weder Mutter noch Vater noch Sohn oder Tochter. Dieser Umstand läßt sich am leichtesten dadurch erklären, daß Heimdall aus einem Beinamen des Tyr entstanden ist.

II Heimdall in der indogermanischen Überlieferung

Der Gott Heimdall ist die Verselbständigung eines Beinames des ehemaligen Sonnengott-Göttervaters Tyr, die mit der Umdeutung eines Teiles der Mythen ders Tyr verbunden gewesen ist. Daher findet sich die generelle Vorgeschichte des Heimdall in dem Band 3 über „Tyr". Die eigentliche Geschichte des Heimdall beginnt jedoch erst mit der Absetzung des Tyr als Göttervater durch Thor und Odin um 500 n.Chr.

Es gibt jedoch auch einige Aspekte des Heimdall, die sich nur in seinen Mythen erhalten haben. Sie sind Elemente aus den Mythen des indogermanischen Sonnengot-Göttervaters Dhyaus, dessen Name bei den Germanen zu „Tyr" geworden ist.

Heimdalls goldene Zähne

Im fünften Buch des Rig-Veda heißt es in der zweiten Hymne über den Feuergott Agni:

Ich sah ihn von ferne: Gold-zähnig, hell-farbig!

Da das Feuer und die Sonne stets eng miteinander verknüpft gewesen sind, kann man diese Textstelle als eine Paralelle zu den goldenen Zähnen des Heimdall ansehen. Da „goldene Zähne" schon ein recht spezielles Motiv sind, kann man davon ausgehen, daß es dieses Bild auch schon bei den ursprünglichen Indogermanen gegeben haben wird – obwohl natürlich alles, was mit der Sonne und dem Sonnengott zu tun hat, tendenziell golden oder weiß, d.h. hellstrahlend ist.

Heimdalls goldene Zähne sind vermutlich ein Parallel-Motiv zu dem goldenen Helm des Tyr/Odin und zu dem Glänzen und Leuchten des Baldur und insbesondere seines hellen Haares. Alle drei Motive werden auf die Vorstellung, daß der Kopf des Sonnengott-Göttervaters die Sonne ist, zurückgehen. Ein weiters Motiv dieser Art ist die Auffassung der Sonne und des Mondes als der beiden Augen des Himmelsgottes.

Der griechische Sonnengott Helios, der in seinem von zwei Rossen gezogenen Streitwagen über den Himmel fuhr, trug um seinen Kopf einen Strahlenkranz, der zeigt, daß sein Haupt als die Sonne aufgefaßt worden ist.

Möglicherweise hat dieses Motiv auch die Entwicklung des Heiligenscheins mitbeeinflußt, der sich außer bei Sonnengöttern auch bei vielen Buddha-Darstellung und vereinzelt auch bei auf den Darstellungen hindhuistischer Götter sowie bei Christus und bei den christlichen Heiligen findet.

Der Sonnen-Kopf des Tyr ist offenbar erst zu den goldenen Zähnen des Heimdall geworden und dann anschließend zu dem Gold, daß Tyr-Thiazi und seine beiden

Brüder Idi und Gangr bei der Aufteilung des Erbes ihres Vaters (Wiedergeburt der Sonne) in ihrem Mund halten. Die zweite dieser beiden Umdeutungen wird um ca. 500 n.Chr. stattgefunden haben, als Tyr von Thor und Odin als Göttervater abgesetzt worden ist, wodurch die Tyr-Mythen in ihre Einzelteile zerfallen, umgedeutet und in die Mythen des Thor, des Odin und z.T. auch des Freyr eingefügt worden sind.

Die goldene Mähne, der goldene Schweif und die goldenen Hufe der Pferde des Heimdall und einiger anderer Götter-Rosse werden von den in dieser Weise geschilderten Rosse vor dem Sonnenwagen stammen. Heimdalls Roß ist daher ursprünglich eines der beiden Rosse vor dem Streitwagen der Sonne gewesen.

Möglicherweise sind auch die goldenen Haare der Korngöttin Sif durch das Motiv der goldenen Haare des Sonnegottes mitbeeinflußt worden – zumal sowohl die Sonne als auch das Getreide wiedergeboren werden. Aber im Wesentlichen wird das Goldhaar der Sif das reife Korn sein.

Heimdall als Kulturbringer

Die drei Stände, also der Fürsten/Krieger, der Priester/Heiler und der Bauern/Handwerker, sind einst durch den Göttervater Tyr begründet worden nicht durch einen speziellen, verselbständigten Aspekt des Tyr. Dieses Motiv hat sich jedoch in ausführlicherer Form nur bei Heimdall erhalten können, da Tyr nach seiner Absetzung als Göttervater um 500 n.Chr. durch Odin und Thor zu einem weitgehend unselbständigen und bedeutungslosen Sohn des Odin reduziert worden ist.

Wenn man Tyr-Heimdall mit den Kulturbringern der anderen Indogermanen vergleicht, stellt man fest, daß Heimdall ein typischer Kulturbringer ist:

\multicolumn{6}{c}{**Die indogermanischen Kulturbringer**}
Volk	*Name*	*Stand*	*Geschlecht*	*Gestalt*	*Wohnort*
Römer	Janus	Gott	Mann	zweigesichtiger Mann	Erde, Unterwelt
Etrusker	Tages-Jüngling	Gott	Mann	Mensch	Erde, Unterwelt
Germanen	Heimdall	Gott	Mann	Mensch	Himmel
	Ullr	Gott	Mann	Mensch	Himmel
Hethiter	Alalu	Götterkönig	Mann	Mensch	Himmel

Die indogermanischen Kulturbringer					
Volk	*Name*	*Stand*	*Geschlecht*	*Gestalt*	*Wohnort*
Inder	Vishnu	Gott	Mann	mehrere Avatare: Fisch, Schildkröte, Eber, Löwenkopfmann, Mensch	Himmel
Perser	Mithras	Sonnengott	Mann	Mensch	Erde
Griechen	Demeter	Erdgöttin	Frau	Mensch	Erde
	Prometheus	Titan (Riese)	Mann	Mensch	Erde

Mit Ausnahme von Demeter ist die Kultur bei den Indogermanen von Männern begründet worden.

Mit Ausnahme des Riesen Prometheus ist dieser Mann ein Gott.

In sechs der neun Beispiele ist dieser Gott ein Göttervater (Heimdall, Alalu, Vishnu) und/oder ein Sonnengott (Tages-Jüngling, Heimdall, Ullr, Alalu, Mithras).

In fünf der neun Beispiele ist dieser Gott mit dem Weg zwischen dem Diesseits und dem Jenseits verbunden: der römische Janus steht am Jenseitstor, der etruskische Jüngling ist sehr wahrscheinlich die wiedergeborene Morgensonne, der germanische Heimdall steht auf der Regenbogenbrücke, der hethitische Alalu ist der erste Götterkönig und vermutlich auch ein Sonnengott gewesen, und der persische Mithras ist ebenfalls ein Sonnengott und als solcher ein jeden Abend sterbender und an jedem Morgen wiedergeborener Gott. Die Ordnung im Diesseits stammt von den Göttern im Jenseits.

Heimdall entspricht also in allen Punkten dem indogermanischen Standard der Kulturbringer: Er ist ein Mann und ein Gott, er ist der Göttervater, er ist ein Sonnengott und er ist eng mit dem Weg zwischen Diesseits und Jenseits verbunden: Der Sonnengott-Göttervater kommt vom Jenseits in das Diesseits und errichtet hier im Diesseits die göttliche Ordnung, zu der u.a. die drei Stände gehören.

Heimdall als Wächter

Homerische Hymnen: An Demeter

So kamen sie zu Helios, der der Wächter sowohl der Götter als auch der Menschen ist, und standen vor seinen Rossen.

Der Sonnengott-Göttervater als Wächter findet sich auch bei den Germanen als der Gott Heimdall. Die beiden Rosse des Helios werden die Dioskuren sein.

Ein weiterer Wächter in den griechischen Mythen ist der Riese Argos, der möglicherweise auf den Göttervater als Riese in der Unterwelt zurückgeht.

Vermutlich sind aber alle drei Wächter, d.h. Heimdall, Helios und Argos, Parallelentwicklungen, da ihre Mythen kaum übereinstimmen.

Das Motiv der Regenbogenbrücke ist auch von den Indern bekannt, bei denen er „Indra-Bogen" genannt wird (siehe „Regenbogenbrücke" in Band 49).

Heimdall als Widder

Heimdall wird als *„Hallinskidi"*, d.h. als „Hallen-Läufer" umschrieben. Die Halle könnte der Himmel sein, wodurch Heimdall zur Sonne werden würde.

„Hallinskidi" ist jedoch auch eine Umschreibung für „Widder". Der einzige weitere Gott, der mit dem Widder in Zusammenhang gebracht worden ist, ist Loki, der auf einer Abbildung Widderhörner am Kopf trägt.

Es liegt somit die Vermutung nahe, daß der Sommergott Tyr-Heimdall und der Wintergott Loki nicht nur in der Gestalt von zwei Robben oder von zwei Lachsen (Tyr-Otr als Lachs; Loki als Lachs auf der Flucht vor den Asen), sondern auch in der Gestalt von zwei Widdern ihren endlosen, zyklischen Kampf geführt haben, der die Jahreszeiten entstehen ließ.

Da der Widder zu den Herdentieren gehört, findet er sich auch in anderen indogermanischen Mythen als die Jenseitsreisegestalt der Toten und der Götter. Eine der bekanntesten Widder-Szenen stammt aus der griechischen Mythologie, in der die Priesterin-Zauberin Medea einen alten Widder zerstückelt, seine Teile in einen magischen Kessel legt und ihn als junges Lamm wiedergeboren werden läßt. Hier ist Medea offensichtlich eine Sagen-Variante der Jenseitsgöttin als Wiedegeburts-Mutter.

Heimdalls Name

Heimdalls Name bedeutet „Heim-Tal". Es gibt eine Bezeichnung, die wie ein zu diesem Namen gehörender Gegenpol klingt: *„Sökkdalir"*. Dieses Wort bedeutet „versunkenes Tal" im Sinne von „Tiefen-Tal" oder „Unterwasser-Tal". Mit diesem Wort könnte die Unterwelt gemeint sein, wodurch „Heim-Tal" zu einer Bezeichnung des Diesseits werden würde.

Heim-dall und Sökk-dal(ir) entsprechen daher wahrscheinlich „Midgard" und „Utagard" sowie „Manaheim" („Menschenheim") und „Niflheim" („Nebelheim" =

Totenreich").

Heimdall ist demnach ursprünglich der ehemalige Sonnengott-Göttervater Tyr gewesen, der jeden Morgen auf der Regenbogenbrücke den Himmel emporgstiegen ist – so wie es am Ende von „Odins Rabenzauber" beschrieben wird. Aus diesem Aufsteigen des Sonnengott-Göttervaters Tyr ist dann der Wächter auf der Regenbogenbrücke geworden – und der Name des Diesseits ist zu dem neuen Namen dieses umgedeuteten Gottes geworden: Heimdall.

Diese Deutung wird dadurch bestätigt, daß im Haleygjatal gesagt wird, daß der ehemalige Sonnengott-Göttervater Tyr als der Riese Surt in Sökkdalir, also in der Unterwelt wohnt – wo man den Sonnengott während der Nacht auch vermuten sollte.

Der ehemalige Sonnegott-Göttervater wurde auch zu dem weisen Riesen Mimir, der u.a. in der Heimskringla auch als „Sökkmimir" bezeichent wurde, also als „Mimir in der Unterwelt".

Auch Odin hat von Tyr diese Symbolik übernommen: Er trinkt bei der Göttin Saga in „Sökkvabek", also in deren Halle in der Wasserunterwelt, zusammen mit ihr den Göttermet – was eine Parallele zu Odin bei Gunnlöd ist. Dieses Motiv stammt aus der Wiedergeburts-Szene des ehemaligen Sonnengott-Göttervaters Tyr.

Naturgemäß werden alle Sonnengötter mit dem Tag und daher auch mit dem Diesseits assoziiert.

Heimdall Horn

Das Signal-Horn des Heimdall wird an manchen Stellen noch als das Trinkhorn geschildert, daß einst in den Ritualen des Tyr benutzt worden ist. Es entspricht den beiden Goldhörnern von Gallehus und auch den Hörnern des Königs Gudmund von Gläsisvellir („Gotteshand von Glanztal") und seiner beiden Söhne, die beide „Grim" („Maskenhelm") hießen und die eine Saga-Variante des Tyr und seiner beiden Alcis-Söhne sind.

Das Ritual, in dem das goldene Trinkhorn benutzt worden ist, ist die Jenseitsreise z.B. bei der Krönung, die als Urbild die morgendliche Wiedergeburt der Sonne haben.

Das „besondere Trinkgefäß" für den Ritualtrank findet sich bei den anderen indogermanischen Völkern vor allem als die sorgfältig gearbeiteten und mit Tiergestalten verzierten Trinkgefäße z.B. der Skythen, Thraker und Hethiter (siehe „Horn" in Band 57).

Zusammenfassung

Die Sonne ist bei den Indogermanen als das Haupt des Sonnengott-Göttervater aufgefaßt worden. Daraus hat sich vermutlich schon bei den ursprünglichen Indogermanen die Vorstellung entwickelt, daß der Sonnengott auch goldene Zähne hat.

Als um 500 n.Chr. Tyr durch Thor und Odin entthront worden ist, zefielen die Mythen des ehemaligen Sonnengott-Göttervaters Tyr in ihre Bestandteile und wurden z.T. in umgedeuteter Form in die neuen Mythen des Thor, des Odin und des Freyr eingefügt.

Dabei wurde aus der auf der Regenbogenbrücke aufsteigenden Sonne der Wächter der Sonne, der die Bezeichnung des Diesseits als neunen Namen erhielt: Heimdall. Vermutlich ist „Heimdall" schon vorher wie auch das Wort „Tag", das auch die Sonne bezeichnen konnte (der Gott „Dag") eng mit dem ehemaligen Sonnengott-Göttervater Tyr assoziiert worden.

Mit Heimdall blieb auch das Motiv des Jenseits als „Sökkdalir" („Tiefental") und der Kampf zwischen Tyr und Loki in der Gestalt von zwei Robben und in der Gestalt von zwei Widdern erhalten. Dieser Kampf ist einst in dem leider nicht erhaltenen Lied „Heimdalls Zaubergesang" beschrieben worden.

Ein weiteres Tyr-Motiv, daß in den Mythen des Heimdall erhalten geblieben ist, ist da goldene Trinkhorn, aus dem bei Wiedergeburts-Ritualen wie z.B. Krönungen der Met getrunken worden ist.

„Heimdall" wird bis 500 n.Chr. ein Beiname des Tyr gewesen sein.

III Die Biographie des Gottes Heimdall

Über die Biographie des Heimdall läßt sich nicht viel mehr sagen, als daß er um 500 n.Chr. aus einem Beinamen des Tyr entstanden ist. Durch diese Neubildung des Wächtergottes Heimdall aus dem ehemaligen Sonnengott-Göttervater Tyr konnte ein Teil der alten Tyr-Mythen so umgedeutet werden, daß man diesen Aspekt des ehemaligen Göttervaters, der nun den Namen „Heimdall" erhalten hatte, dem neuen Göttervater Odin unterordnen konnten.

IV Das Aussehen des Heimdall

Heimdall ist „großer Ase" und „ein Wunder an Stärke", was bedeutet, daß er ein großer und kräftiger Gott sein muß. Da er jedoch auch als weise und edel geschildert wird, wird er kein Choleriker wie Thor mit ausgeprägten senkrechten Stirnfalten sein, sondern eher ein ehrfurchtgebietender, tatkräftiger, aber zugleich auch besonnener Krieger, der vermutlich eine hohe Stirn (Bewußtheit) sowohl mit mehreren, kleineren waagerechten Falten (Übersicht) als auch mit einigen senkrechten Falten (Entschlossenheit) haben wird.

Da er sehr gut sehen und hören kann, kann man scharfe, durchdringende Augen und evtl. ausgeprägte Augenbrauen erwarten sowie eher große Ohren. Für einen Wächter würde eine Hakennase passen, da eine solche Nase meistens bei Menschen mit einem starken Willen zu finden ist.

Heimdall wird als „weiß", d.h. als strahlend geschildert. Da dies ein Nachklang seines Ursprungs in dem ehemaligen Sonnengott-Göttervater Tyr ist, wird seinen Leib oder auch nur seinen Kopf ein goldener Schein umgeben – ähnlich einem Heiligenschein. Dieser Glanz geht u.a. auch von seinen goldenen Zähnen aus, die ebenfalls die Sonne symbolisieren.

Evtl. hat er auch goldene Haare und einen ebensolchen Bart – so wie sein Roß Gulltopp („Goldlocke"). Sie würden von ihrer Symbolik her seinen goldenen Zähnen entsprechen.

Sein Beiname Windhelm könnte sich auf den Goldhelm des Tyr beziehen, der ebenfalls ein Sonnensymbol gewesen ist – eine Umdeutung des Sonnen-Hauptes zu einem Sonnen-Helm.

Als Wächter, der fast immer draußen steht, wird er eine wettergebräunte Haut haben.

Er wird eine Hose, ein Hemd mit langen Ärmeln, einen Gürtel mit Tasche und Lederschuhe getragen haben sowie einen Umhang mit einem Webmuster an seinem Rand, der über der rechten Schulter von einer Fibel zusammengehalten wurde. Diese Fibel könnte eine Sonnenscheibe gewesen sein, da Heimdall eine Weiterentwicklung des ehemaligen Sonnengott-Göttervaters Tyr ist.

Als „lichter Ase" wird Heimdall vermutlich helle Kleidung getragen haben – evtl. naturfarben mit einem Muster aus Sonnen und Regenbögen am Rand seines Umhanges.

Die Tasche an seinem Gürtel könnte einen Wetzstein für sein Schwert und evtl. etwas Speise für seine Wache auf der Regenbogenbrücke enthalten haben.

An seinem Gürtel trägt er links sein Schwert „Haupt" (sofern Heimdall Rechtshänder ist). Der Knauf dieses Schwertes ist evtl. in der Form eines goldenen Kopfes gebildet worden, der das Sonnen-Haupt des Tyr-Heimdall darstellt. Dieses Schwert wird sehr wahrscheinlich wie das Schwert des Tyr-Surtur golden-flammend erstrahlen, wenn es aus der Scheide gezogen wird. Auf seiner Klinge sind evtl. eingeätzte Drachen zu sehen – so wie es im Beowulf-Epos bei dem Schwert des Tyr-Grendel beschrieben wird.

An einem Riemen über seiner linken Schulter wird sein Signalhorn hängen, das sich daher an seiner rechten Seite befindet.

Heimdall steht am Horizont am Ende eines Regenbogens im Osten oder im Westen. Dort steht auch seine Halle „Himmels-Hügel".

Auf der einen Seite dieser Halle befindet sich der Opferplatz des Heimdall – das Hügelgrab des Tyr, nach dem Heimdalls Halle benannt worden ist. Aus diesem Hügelgrab werden Flammen lodern, die anzeigen, daß ein Toter in der Grabkammer wohnt. Diese Flammen sind auch das Abend- oder Morgenrot.

Oben auf diesem Hügelgrab sitzt evtl. der riesige Adler-Seelenvogel des Tyr, nach dem dieses Hügelgrab und dieser Opferplatz auch als „Arhaug", d.h. als „Adler-Hügel" benannt worden ist.

Vor diesem Hügelgrab liegt auf einem Steinaltar auch das mit Met gefüllte goldene Trinkhorn des Tyr-Heimdall.

Auf einer Weide auf der anderen Seite der Halle „Himmels-Hügel" ist Heimdalls Roß „Gulltopp" zu sehen – ein Schimmel mit goldener Mähne, goldenem Schweif und goldenen Hufen.

Vor der Halle könnten die drei Söhne des Tyr stehen, die in dem Rig-Lied beschrieben worden sind und die die Ahnherren der drei Stände sind.

Hinter diesen drei Söhnen steht die „neunfache Mutter" des Heimdall – die Jenseitsgöttin: Freya, Ulfruna, Jarnsaxa … Sie ist deutlich größer als ihre drei Enkel vor ihr. Vermutlich trägt sie als Freya ihren goldenen Halsreif Brisingamen, als Ulfruna ein Wolfsfell als Umhang (wie dies auch von Idun berichtet wird) und als Jarnsaxa ein eisernes Messer an ihrem Gürtel.

Weiter entfernt von dieser zentralen Szene ist zur einen Seite hin die Küste mit einer Schäre zu sehen, auf der zwei Robben miteinander kämpfen – Heimdall und Loki. Im Hintergrund ruht auf dieser Schäre die Jenseitsgöttin Freya in der Gestalt einer Seekuh, die ihren goldenen Halsreif Brisingamen trägt, der „Meeres-Niere" genannt wird – ein Symbol der Sonne und der Wiedergeburt.

Weiter entfernt zur anderen Seite hin von der zentralen Szene entfernt ist ein hoher Stein zu sehen, auf dem sich eine stilisierte Sonne, ein großer und zwei kleine Drachen befinden (Tyr und seine beiden Alcis-Söhne im Jenseits). Vor diesem „Singstein" kämpfen Heimdall und Loki in der Gestalt von zwei Widdern gegeneinander, während Freya in der Gestalt eines Schafes darauf wartet, sich mit dem Sieger zu vereinen.

Der am Ende der Regenbogenbrücke stehende Heimdall ist bei verschiedenen Tätigkeiten zu sehen: Er blickt wachsam in die Ferne, er verteidigt das Tor zu Asgard gegen die Riesen und er empfängt die angehenden Könige bei deren Krönungs-Jenseitsreise.

Heimdall zieht auch durch die Welt und lehrt die angehenden Könige die Kampfkunst, die Weisheit, die Runenmagie und alle anderen Dinge, die ein König wissen und können muß.

V Der Weg zu Heimdall

Der erste Schritt, um eine Gottheit kennenzulernen ist so gut wie immer, daß man aus irgendeinem Grund ein Interesse an dem betreffenden Gott oder der Göttin entwickelt hat. Diese Motivation liegt fast immer in dem eigenen Lebensweg und in der eigenen derzeitigen Lebenssituation begründet. Diese Motivation wird auch weiterhin den roten Faden in den eigenen Begegnungen mit der Gottheit bilden.

Um die Gottheit in der Weise zu erfassen, wie sie früher gesehen worden ist, ist die ausführliche Betrachtung ihrer Mythen und Lieder und Sagas notwendig. Diese Beschäftigung mit der Überlieferung erschafft ein solides Fundament für alles, was man im Weiteren noch mit dieser Gottheit erleben wird – diese Kenntnisse bilden jedoch keine Begrenzung für das, was man mit dieser Gottheit erleben kann und „darf".

Der nächste Schritt sind innere Gespräche mit der Gottheit sowie Traumreisen. Durch diese individuellen Erlebnisse entsteht oft Neues – zum einen, weil diese Erlebnisse sehr viel persönlicher sind als die Überlieferung, und zum anderen auch deshalb, weil sich auch Gottheiten weiterentwickeln (wie ja schon die Überlieferung selber zeigt). Dieser Vorgang ist wichtig, weil es letztlich nicht von so großer Bedeutung ist, was z.B. Heimdall vor 1300 Jahren für die Wikinger bedeutet hat, sondern was er heute für das eigene Leben und für die derzeitige Situation auf der Erde bedeuten kann.

Weitere Möglichkeiten des Kennenlernens sind Meditation und Rituale, wobei bei diesen die Invokationen, also die Identifizierung mit einer Gottheit die wichtigste ist. Dabei stellt man sich die Gottheit möglichst bildhaft vor sich vor und ruft sie herbei. Nach einer Weile wechselt man dann mit seinen Worten von einer Beschreibung der Gottheit über das Herbeibitten zu dem Sprechen als diese Gottheit. Bei dem Übergang zu diesem letzten Schritt stellt man sich vor, wie das Bild der Gottheit, das vor einem steht, in einen selber hineingleitet und man sich dann selber als diese Gottheit sieht, d.h. sich selber mit ihr identifiziert.

Letztlich tut man immer die Dinge, die einem in irgendeiner Weise nützlich sind. Dies trifft auch für den Kontakt mit Gottheiten zu. Man sollte sie um die Dinge bitten, die man gerne hätte, um Hilfe bei anstehenden Entwicklungsschritten, bei Heilung, wenn man Informationen oder Rat benötigt ... Durch solche Bitten und Gebete wird die Gottheit nach und nach zu einem selbstverständlichen Teil des eigenen Lebens.

Im Zusammenhang mit Heimdall liegt es nahe, ihn auch für Wächterfunktionen um Hilfe zu bitten. Heimdall ist jedoch auch ein Leiter, Ordner und Organisator – er hat die drei Stände gegründet und ist einst als der Sonnengott-Göttervater Tyr der Anführer der Asen gewesen.

Man kann Heimdall auch um Hilfe bei allen organisatorischen Aufgaben und strukturierenden Tätigkeiten um Hilfe bitten. Diese durch Heimdall verkörperten leitenden

Funktionen werden heutzutage in der Regel nicht mehr wie früher hierarchisch, sondern organisch-kooperativ sein.

Schließlich ist Heimdall nicht nur ein Wächter und Bewahrer, sondern auch ein Gründer.

Viel Erfolg!

VI Hymnen an Heimdall

Diese Hymnen sind selbstverfaßte „Gebrauchslyrik". Zum einen dienen sie dazu, in annähernd nordgermanischem Stil die bekannten Informationen über Heimdall zusammenzufassen und zum anderen können sie als Konzentrationshilfe vor einer Meditation oder als Anrufung in einem Ritual benutzt werden.

Diese folgenden Strophen haben keine „einzig richtige" Form, sondern sollten so ausgewählt, verändert und umgeschrieben werden, daß sie den eigenen Bedürfnissen entsprechen.

Ein Haus-Segen

Dieser Segen für Haus und Hof geht von der Wächter-Funktion des Heimdall aus und setzt den eigenen Wohnort der Halle des Heimdall gleich.

Möge dieses Haus und dieses Heim
hier geschützt sein wie der Himmels-Hügel!
Möge dieser Herd und dieser Hof
hier behütet sein wie Heimdalls Halle!

Mögen diese Weiden, diese Wohnstatt,
wo wir wohnen, Wohlstand stets gewinnen!
Mögen diese Wiesen, diese Wege,
welche zu uns weisen, Wachstum stets bewirken!

Mögen diese Felder, diese Fluren,
fortan in Frieden Fülle finden!
Mögen diese Flüsse, diese Pfade
fortan Freunde und Gefährten zu uns führen!

Der Kampf der beiden Robben

Dieser Kampf zwischen Heimdall und Loki ist vor allem durch die beiden folgenden Strophen aus der Husdrapa und den kurzen Kommentar von Snorri Sturluson bekannt:

Der berühmte Verteidiger des
Boden-Streifens der Mächte,
der stets Rat weiß, kämpft am Sing-Stein
mit Loki, Farbautis schrecklich listigem Sohn.

Der Sohn von acht-und-einer Mutter,
Mächtig in seinem Zorn,
ergreift als erster die schöne Meeres-Niere.
Dies mache ich in Ruhmesliedern bekannt.

Ulfr Uggason verfaßte in der Husdrapa ein langes Gedicht über diese Geschichte und dort wird geschrieben, daß sie die Gestalt von Robben hatten.

Das Lied muß deutlich länger gewesen sein als diese zwei Strophen – sonst ergäbe es wenig Sinn, dieses Lied „lang" zu nennen.

Es stellt sich die Frage, ob sich Heimdalls Beiname „Besucher der Wogen-Schäre" auf die Gestalt der beiden Robben bezieht – immerhin sind derartige Schären sehr beliebte Ruheorte der Robben, die oft in Scharen auf ihnen liegen. Das würde bedeuten, daß „Vagasker" („Wogen-Schäre") und der „Singstein" derselbe Ort sind.

Ein Singstein auf einer Schäre kann nur Tyrs Hügelgrab im Westen auf der Jenseitsinsel Walaskialf („Toten-Schäre") sein, denn normalerweise stehen Hügelgräber zwar häufig an der Küste, aber nicht auf einer Schäre. Dieses Hügelgrab auf der Schäre muß daher ein mythologischer Ort sein – was sich auch schon dadurch ergibt, daß dort Tyr-Heimdall und Loki miteinander kämpfen.

Über diesen Kampf ist durch die verschiedenen Kenningar für die beiden Götter Heimdall und Loki noch bekannt, daß Loki Freyas Kette gestohlen hat und daß Heimdall nach ihr sucht.

Aus der Traumreise im nächsten Kapitel ergeben sich noch einige weitere mögliche Elemente dieser Mythe:
- Freya hat in der Gestalt der Seekuh (Frode-Sage), die zu den beiden Robben gehört.
- Der goldene Ring, den König Frode (Freyr) auf den hohen Stab inmitten seines Landes gelegt hat, ist eine Umdeutung von Freyas Halsreif Brisingamen.

- Freyas Seekuh-Gestalt und Heimdalls und Lokis Robben-Gestalt stehen mit der Vorstellung der Wasserunterwelt der Göttin Ran in Zusammenhang. Der Ring liegt daher eigentlich auf dem Altar in dem Tempel der Freya, der sich in hier unter dem Wasser befindet. Dies ist eine Entsprechung zu Friggs Halle „Sumpfsaal" und der Halle der Mutter des Tyr-Grendel am Grunde eines tiefen Sumpfes. Auch die Halle Sökkvabek („Bank in der Tiefe") der Göttin Saga, in der die Göttin zusammen mit Odin Met trinkt, ist solch eine Wasserunterwelts-Halle. Auch der Ort „Sökkdalir" („Tiefental"), in dem Tyr-Surtur wohnt, ist solch eine Halle. Ein weiteres Motiv für dieses Wasserjenseits ist die Höhle hinter einem Wasserfall, in dem z.B. der Tyr-Zwerg Andwari wohnt.
- In diese Halle taucht Loki als Robbe hinab und stiehlt dort der Freya ihren goldenen Halsreif. Dies entspricht Lokis Raub des Brisingamen aus Freyas Frauenhaus (= Unterwelts-Halle).
- Das Grundmuster ist dasselbe wie in vielen anderen germanischen Mythen: der Streit zwischen Tyr und Loki um die Herrschaft, die Jenseitsgöttin und das Wiedergeburtssymbol (Brisingamen, Äpfel der Idun, Hymirs Kessel; später auch Thors Hammer).

Anhand dieser Überlieferungs-Bruchstücke und den Ergänzungen aus der Traumreise läßt sich das „lange Lied des Ulfr Uggason" zwar nicht wiederherstellen, aber doch immerhin nachdichten.

Die folgenden Strophen haben das einfache Reimschema des „drottkvätt" („Herrscherform"). In dieser Strophenform stehen in der 1. Zeile einer Strophe zwei stabreimende Worte, von denen eines am Zeilenanfang steht; die 2. Strophe beginnt jeweils mit einem Wort, das sich auf beiden Reimworte in der vorigen Zeile stabreimt. Vor dem stabreimenden Wort am Zeilenanfang, darf ein „und, dann, der" oder ähnliches Wort stehen. Die dritte und vierte Zeile wiederholen dieses Reimschema.

Freya lebte unter den Fluten
friedlich in ihrem Asen-Heim.
Frigg wohnte unten in Fensalir
frei in ihrer hehren Halle.

Saga die Schöne, saß in ihrem Hof,
schlief auf ihrem Asin-Lager.
Grendels Mutter hauste am Grunde
gar tiefer Moore und Sümpfe.

Heimdall zog über den Himmel,
hehr und leuchtend jeden Tag.
Zur Freude der Asen, zum Glück der Wanen,
zur Labung der Menschen in Mittelerde.

Loki der Listige, tauchte hinab,
lief durch die weiten Wasser,
schwamm durch schwarzdunkle Wogen
schwierige Pfade zur Halle der Huldar.

Robbengestalt hatte der Räuber,
rasch kam er, in einen Seehund verwandelt;
viele Gestalten vermochte er anzunehmen,
vielkundig in Zauberdingen war Loki.

Loptr schaute, Loki lugte durch das Tor,
leise schlich er in die Halle,
Freya ruhte, die Freundliche schlief,
vorsichtig nahte der Flugschuh-Ase.

Loki löste das Schloß der Goldkette,
Loptr öffnete den Riegel des Halsreifs;
Byleists Bruder barg den Schatz im Maul,
bald schon tauchte er wieder empor.

Laufeys Sohn legte sich nieder,
langgestreckt auf eine Schäre;
als Robbe war er zur Asin getaucht,
als Seehund ruhte er nun.

Brisingamen war nicht mehr bei Blidurs Herrin,
bar des Schmuckes war die Jenseitsgöttin;
das Sonnengold war durch Listen geraubt,
da sank der goldene Heimdall nieder.

Hallinskidi fiel von der Höhe ins Meer,
hinab sank er im Westen in tiefe Fluten;
Bestattungsfeuer brannten glühend rot,
bald schon war der Himmel dunkel.

*Rig wurde im Wasser zur Robbe,
ruhelos schwamm er umher;
suchte die goldene Sonne,
schaute nach dem goldenen Reif.*

*Dann kam er zur dunklen Insel,
dort stand der Adler-Hügel,
ein Singstein auf ihm, ein Felsen,
ein Grabstein der versunkenen Sonne.*

*Farbautis Sohn sah Rigr und floh,
feige verbarg er sich hinter dem Stein,
Der Sohn von neun Müttern blickte drohend,
drängte, eilte, folgte ihm nach.*

*Er sah die Meeres-Niere in Lokis Maul,
Erblickte das Herz der See zwischen Loptis Zähnen,
Er entdeckte das Blinken der Leber der Wogen,
erspähte das Leuchten der Milz des Wassers.*

*Der Seehund sah die versunkene Sonne
sehnte sich, sie wieder zu haben;
stürzte sich schreiend auf die Robbe
schon rang Heimdall mit Loki.*

*Sie bissen, sie schlugen,
sie schwammen, sie rangen,
sie kämpften, sie tauchten,
sie trachteten nach dem Leben des andren.*

*Heimdall jagte Loki in des Hügels Höhle,
hinein in die Kammer des Grabes;
Loptrs Bisse ließen den Asen fliehen
laut schreiend hinauf an den Stein.*

*Der Brücken-Wächter brach fast Lokis Knochen,
brüllend vor Schmerz sprang dieser ins Meer;
Doch Laufeys Sohn kam drohend zurück,
drängte Heimdall bis ans Ende der Insel.*

Zahn-Schwert blitzte, Zungen-Hand zuckte,
Zeit des Zaubergesangs der Eisen-Flossen!
Augen-Glut brannte, Augen-Glut flammte,
auf der Schäre im weiten, tosenden Meer!

Doch da warf der Ase den Riesen nieder
dort lag er auf dem Rücken!
Heimdall sperrt Loki tief in den Hügel,
hinein in die Hel verbannt er den Räuber.

Dann taucht er hinab in die Tiefe,
traut sich in das trübe Dunkel,
bis er zu Brisingamens Herrin kommt,
am Boden des Meeres, am Grunde der See.

Der Wächter der Asen wagt sich ins Jenseits,
wankend vor Schwäche reicht er ihr ihren Schatz;
Die Göttin der Tiefe, die Gerdr der Fluten,
sie gibt Heimdall rasch Heilung und Hilfe.

Die Freundliche faßt Heimdall an seiner Hand;
Freya berührt Rigr mit ihrem Ring:
da ward er heil, da ward er stark,
da kehrte das Leben in Fülle in ihn zurück.

Nun leuchtet der Ring als Sonne an Heimdalls Hals!
Nun strahlt der Helm auf Hallinskidis Haupt!
Nun glänzt Dag als Auge in des Gottes Gesicht!
Nun scheint das Licht von des Asen goldenen Zähnen!

Schimmel scheinen strahlend-weiß vor seinem Wagen,
schimmernd-golden die Hufe, die Mähne, der Schweif;
Hinan fährt Heimdall auf in die Höhe,
Auch heute bricht wieder ein neuer Morgen an!

In diesem Lied werden die Göttinnen Freya, Frigg, Saga, Grendels Mutter und Huldar wie in „Odins Rabenzauber" einander gleichgesetzt, da sie alle denselben Ursprung als Jenseitsgöttin haben.

„Fensalir" bedeutet „Sumpfsaal", was zeigt, daß Friggs Halle wie das Heim der

Mutter des Grendel (Tyr) unter Wasser lag.

Die Seehunde sind eine Unterart der Robben.

Loptr („der zur Luft gehörende") ist ein Beiname des Loki, den er erhalten hat, weil er mithilfe seiner Flugschuhe durch die Luft gehen kann.

Loki, Byleist und Helblindi sind Brüder.

Blidur ist eine der neun Mägde der Freya-Menglöd.

Farbauti ist der Vater des Loki.

Laufey ist die Mutter des Loki.

Gerdr ist eine Riesin, die ursprünglich die Wiedergeburts-Mutter der Sonne (Tyr) gewesen ist, bevor diese Mythe umgedeutet und auf Freyr übertragen wurde. Die „Gerdr der Fluten" ist daher die Jenseitsgöttin in der Wasserunterwelt.

Heimdalls Galdr

Snorri Sturluson berichtet nur kurz über dieses Lied:

Ein Schwert wird 'Heimdalls Haupt' genannt, denn es wird gesagt, daß er von dem Schädel eines Menschen durchbohrt wurde.
Die Geschichte darüber wird im 'Zaubergesang des Heimdall' berichtet und seit jener Zeit wird ein Kopf auch 'Heimdalls Tod' genannt.

Ein Schwert kann „Heimdalls Haupt" genannt werden, weil sowohl das goldene Haupt (der Goldhelm, die goldenen Zähne) als auch das goldene Schwert des Tyr-Heimdall Symbole der Sonne gewesen sind. Die Aussage, daß Heimdall von dem Schädel bzw. Kopf eines Menschen durchbohrt worden ist, bedeutet vermutlich, daß Heimdall mit einem Schwert erstochen worden ist.

Da es einige Stellen in der Überlieferung gibt, in der die Saga-Nachfolger des Tyr nur mit ihrem eigenen Schwert getötet werden können, ist anzunehmen, daß Heimdall mit seinem eigenen Schwert getötet worden ist. Diese Szene steht am Übergang zwischen den alten Tyr-Mythen und den aus ihnen umgebildeten neuen Heimdall-Mythen.

In der Mythe, die über die Erschaffung der magischen Gegenstände der Gottheiten Thor und Sif, Odin und Freyr berichtet, wettet Loki ohne ersichtlichen Grund mit den beiden Alcis-Zwergen, die in den alten, Tyr-zentrierten Mythen die Söhne des Tyr gewesen sind, um seinen Kopf. Er verliert zwar die Wette, aber er redet sich wie fast immer wieder heraus und es wird ihm nur der Mund zugenäht. Es wäre denkbar, daß diese Szene einst ein Motiv aus dem Kampf zwischen ihm und Tyr-Heimdall gewesen ist.

Von „Heimdalls Zaubergesang" sind nur die folgenden beiden Verse überliefert worden:

Ich bin der Nachkomme von neun Müttern,
ich bin der Sohn von neun Schwestern.

An diesen beiden Versen ist interessant, daß in ihm der sehr alte inhaltliche Reim verwendet wird, der auch aus Ägypten und Sumer gut bekannt ist. Bei dieser Reimform wird eine Aussage wiederholt, wobei der grammatische Aufbau des Satzes genau beibehalten wird.

Dies Art von Reim findet sich z.B. auch in der „Vision der Seherin":

Wolfszeit, Windzeit ...

Eine ähnliche abschließende Formel wie diese aus „Der Seherin Vision" findet sich auch im Hyndla-Lied:

Vieles erwähnt ich,
mehr noch weiß ich.

Der inhaltliche Reim wurde ebenso in dem Lied „Wanderer" aus dem Exeter-Buch verwendet:

Wo sind nun die Rosse?
Was wurde aus den Reitern?

Auch in dem langen Fluch im Skirnir-Lied finden sich mehrfach diese sehr altertümliche Art des Reimes:

Hört es, ihr Joten! Hört es, ihr Reifriesen!
Hört es, Suttungs Söhne! Hört es, ihr Asen selber!

Wie ich der Maid verbiete,
wie von der Maid verbanne
Die Gesellschaft mit Männern!
Die Gemeinschaft mit Männern!

Die meisten erhaltenen Beispiele für diese Form des Reimes stehen in „Buslas Fluch" in der Saga „Bosi und Herraud". Busla ist eine Saga-Variante der Freya.
Das Folgende sind nur einige Beispiele aus diesem Fluch-Lied (siehe auch „Fluch" in Band 68).

Stroh soll Dich stechen!
Sturm soll Dich schütteln!

Die Welt erbebt!
Das Wetter wird übel!

Totengeister werden umherirren!
Gewaltiges wird kommt!

Wenn Du segelst, soll Dein Tauwerk reißen!
Dann sollen Deine Ruder zersplittern!
Dann sollen Deine Segel zerfetzen!

Wenn Du reitest, werden Deine Zügel reißen!
Dann wird Dein Roß lahm werden!
Dann wird Dein Roß auf allen Wegen straucheln!
Dann werden Dich alle Pfade in die Hände der Trolle führen!

Da der altertümliche inhaltliche Reim fast ausschließlich in Flüchen zu finden ist und diese Flüche rituelle Texte sind, ist anzunehmen, daß auch „Heimdalls Galdr" zumindest Elemente aus rituellen Texten enthalten hat, was wiederum bedeuten wird, daß diese Texte recht alt sein werden, da derartige Texte nur sehr langsam verändert werden.

Daraus ergibt sich wiederum, daß auch der Inhalt dieses Liedes eher aus der Frühzeit der Heimdall-Mythen stammen wird als aus einer späteren Phase. Man kann daher davon ausgehen, daß die Ereignisse, die in diesem Galdr geschildert werden, noch Ähnlichkeit mit den Mythen des Tyr vor seiner Absetzung gehabt haben werden.

Für diese Deutung spricht auch die Bezeichnung des Liedes als „Galdr", weil ein „Galdr" ursprünglich ein Kulttext oder Kultgesang gewesen ist.

Dieser Heimdall-Galdr ist vermutlich derselbe Galdr, auf den in „Odins Runenlied" hingewiesen wird:

Ein Fünfzehntes kann ich,
das Thjodrerir der Zwerg
sang vor dem Tor des Tages:
er sang Stärke den Asen
und den Alfen glückliches Gelingen,
klaren Geist dem Schrei-Tyr.

Der „Schrei-Tyr" ist Tyr in der Gestalt seines Adler-Seelenvogels, als der er am Morgen aus seinem Hügelgrab, d.h. aus der Unterwelt zurückkehrt.

Auch im „Sonnenlied" findet sich ein Hinweis auf dieses Sonnenaufgangs-Lied:

Dieses Lied, das ich Dich lehrte,
Sollst Du vor dem Volke singen:
Das Sonnenlied wird selten wohl
Den Leuten zu lügen scheinen.

Sowohl Heimdall als auch Loki können die Gestalt eines Widders annehmen. Es wäre gut denkbar, daß sie im Heimdalar-galdr als diese Widder auftreten, da sie sonst nirgendwo als Widder erscheinen. Als Widder trägt Heimdall den Namen „Hallinskidi" („Hallen-Ski/Schiff"), mit dem auch ein Widder bezeichnet werden konnte.

Freya hat in diesem Zusammenhang die Gestalt eines Schafes.

Die Läster-Worte des Loki aus der Lokasenna zeigen, daß Heimdall der Freya-Gefion ihren Halsreif Brisingamen zurückbrachte und sie sich daraufhin mit ihm vereint hat (Wiederzeugung):

Schweig Du, Gefion! sonst vergeß ich's nicht,
Wie Dich zur Lust verlockte
Jener weiße Knabe, der Dir das Kleinod gab,
Als Du den Schenkel um ihn schlangst.

Die folgende Nachdichtung des Liedes „Heimdalls Galdr", das leider verlorengegangen ist, enthält viele der bekannten Überlieferungen über Heimdall, die aus den frühen Versionen der Mythen dieses Gottes stammen.
In dieses Lied wurde der größte Teil der bekannten Verse, die sich auf Heimdall beziehen, in meistens veränderter Form eingefügt.

Auch die Informationen, die sich aus der in dem nächsten Kapitel geschilderten Traumreise zu Heimdall ergeben haben, wurden in die Strophen miteingearbeitet:
- Heimdall kämpft mit seinem Schwert, das mit dem flammenden Sonnenschwert des Tyr-Surtur identisch ist.
- Das Heimdall-Galdr ist vor allem sein Wiedergeburtslied. Dies entspricht dem Sonnenaufgangs-Lied, das der Zwerg Thjodrerir in „Odins Runen-Lied" vor den Toren des Tages (d.h. am Morgen) singt. Thjodrerir ist sowohl Tyr-Heimdall als Zwerg (Totengeist) als auch der Priester. Diese Gleichsetzung von Gott und Priester findet sich mehrfach in den germanischen Liedern. Sogar die Bezeichnung ist hier für beide dieselbe: Tyr der Gott und Diar der Priester des Tyr – beides leitet sich von indogermanisch „dhyaus" („aufgehende (Sonne)") ab.
- Tyr-Heimdall stirbt am Abend und wird am Morgen von Freya-Gefiun wiedergeboren, nachdem er sich in der Unterwelt mit ihr vereint und sich dadurch selber wiedergezeugt hat.
- Loki wirden in diesem Lied nicht getötet, sondern gefangen – in Falkengestalt mit einer Leimrute wie in mehreren anderen Liedern.
- Vermutlich erscheint Heimdall analog zu dem Loki-Falken als Adler, der der Seelenvogel des Sonnengott-Göttervaters ist.

Die Strophen, in denen über Loki berichtet wird oder in denen Loki spricht, enthalten meistens zwei Gegensätze wie „hoch – tief", „Feuer – Eis", „Nacht – Tag" usw. Diese Strophenform, die von den Germanen „refhvörf" („Fuchskehre") genannt worden ist, ist ein lyrischer Hinweis auf den widersprüchlichen Charakter des Loki.
Die Strophen, in denen über Heimdall berichtet wird oder in denen Heimdall spricht, enthalten meistens einen Endreim, der auf lyrische Weise auf die Ordnung der

Welt hinweist, die von dem Sonnengott-Göttervater Tyr-Heimdall aufrechterhalten wird. Diese Reimform wurde „minsta runhenda" („Kleinster Freund-Reim") genannt.

In den Strophen, die einen Segen, einen Fluch oder eine ähnliche Aussage enthalten, findet sich der weiter oben schon dargestellte inhaltliche Reim, der die Aufgabe hat, eine Aussage zu verstärken und dadurch magisch wirksam zu machen. Diese Reimform trug den Namen „galdrlag" („Zaubergesang-Liedform").

Der Stabreim ist in diesen Strophen auf keine besondere Weise geordnet – es befinden sich lediglich in der 1. und 3. Zeile jeweils zwei Worte, die miteinander stabreimen, sowie in der 2. und der 4. Zeile meistens das erste Wort, das ebenfalls mit den beiden Worten in der vorigen Zeile stabreimt. Diese Reimform hieß „drottkväd" („Herrscherlied").

Die verschiedenen Reimformen werden ausführlich im „Hattatal" in der Edda beschrieben (Band 77).

Nebel netzt die Weiden im Moor,
niedrig fliegt die Eule über den Sumpf,
Käutzchen krächzchen, Wölfe heulen,
knirschend öffnet sich das Hügelgrab-Tor.

Gebückt vom Alter tritt die Greisin hervor
gleich folgen ihre zwei Schwestern;
Raunend stehen die Rat-Weisen im Dunkel,
Rätselfragen und Weisheit sprechen sie dort.

Die Greisin, die Norne ergreift nun das Wort,
Die Graue, Urd selbst, spricht nun die Verse:
„Endloser Tag würde verbrennen die Erde;
Ewige Nacht würde gefrieren ganz Midgard."

Die zweite der Nornen beginnt zügig zu sprechen,
Die Zahnarme, Skuld selbst, hebt rasch an zu reden:
„Wenn Heimdall nur herrschte, käme der Tod,
Wenn Loki nur führte, käme Verderben."

Die dritte der Nornen riet darauf den Schwestern,
die Dunkle, Verdandi, wies ihnen den Weg:
„Der Tod soll das Leben täglich gebären,
und am Tagende das Leben den Tod."

*Da sprachen die Schicksals-Schwestern gemeinsam,
da sangen die Weisheit-Wissenden zu dritt:
„Es komme das Licht und vertreibe kühn stets das Dunkel,
dann kehre zurück das Dunkel und besiege das Licht.*

*So wird der Wandel das Leben bringen,
so währt die Veränderung ewig;
so wird das Leben nur im Tode seine Wurzel finden,
und der Wechsel wird die einzige Dauer sein."*

*Fern von dort sitzt Loki voller Fragen:
Frei von Frieden, erfüllt von Gier,
nagt an ihm der Wurm des Neides,
nimmt ihm seine Ruhe, kreist in seinem Herz.*

*Sinnend sitzt Sigtyrs Feind am Weltenbaum,
sucht nach Wegen, sucht nach Listen;
„Wie kann der Sommer Winter werden?
Wie wird aus dem Lichten Schwärze?*

*Wie kann ich heut' den Hohen in die Tiefe stürzen?
Wie kann ich bald vom Knecht zum König werden?
Wie kann ich Freyas Augen-Gold erblinden lassen?
Wie kann ich von Niflheim nach Asgard kommen?"*

*Da naht Freya von Süden dem Nid-Erschaffer,
nährt das Korn als Sif, als Gefion,
Da naht Görsemis Mutter dem Mischer des Giftes,
mit dem er die Augen oft täuscht und die Herzen betrügt.*

*Loki erhebt sich, blickt auf das Licht an der Asin Nacken,
leise raschelt das Laub und Freya blickt auf,
ahnt des Loki Trug und üble Absicht,
atmet rasch, verwandelt sich, wird zum Schaf und flieht.*

*Widars Bankgenosse zögert nicht und wird zum Widder,
wild springt er ihr nach über Felsen und Weide;
holt sie eilend ein, bringt sie zum Halt,
hemmungslos bespringt er sie, der Bock.*

Gierig greift er Freyas Goldreif, der herniederfiel:
Gefions Sonnenrad war das Ziel des geilen Asen;
Schnellen Schrittes ging er fort von dort ...
die Sonne sank, die Nacht brach an.

Wolken wogten, Winde wehten,
wütende Stürme brachten Schnee und Eis;
Dunkel drohte, Düsternis dräute,
dann kam der Winter über das weite Land.

Heimdall steht vor der Himmels-Halle
hebt an, das Lied zu singen, das die Augen schärft;
blickt weit hin über Midards Wiesen und Berge,
bis er der Dunkelheit Gründe erkennt.

"Loki der Listige hat Brisingamen gestohlen ...
Loptr, der Dieb! Ich muß es wiederholen!
Wo ist er? Dort hinten am Wald!
Ich komme! Dich habe ich bald!"

Heimdall wird zu Hallinskidi,
hurtig wird der Mann zum Widder;
springt Bifröst ohne zu säumen hinab,
sich sputend erreicht er Midgard unten.

Loki sieht den Laufenden,
losstürmend, von der Höhe herab;
er ahnt genau: Da ist Gefahr!
Voll Grauen rennt er fort.

Er hastet über Stock und über Stein.
springt über Spalten, über Felsen;
doch Hallinskidi holt ihn ein,
hat ihn fast erreicht, ist nah an ihm.

Da springt Loki in des Laaches Fluten,
listig wird er schnell zum Lachs;
tief taucht er hinab, springt das stürzende Wasser hinauf,
Laufeys Sohn eilt rasch dahin: Nur fort! Nur fort!

Heimdall jagt ihm hinterher am Wasserfall hinauf,
hurtig springt er in die Fluten und wird dort zum Hecht;
schwimmt ihm nach mit Schwung und holt bald auf,
Loki sieht: Um ihn stet's schlecht!

Flugs wandelt er zum dritten male seine Form,
das Falkenhemd wählt er und erhebt sich in die Luft;
doch Rigr zögert nicht, wird rasch zum Adler,
rauschend schlagen seine Schwingen!

Der Falke flieht, der Räuber ist voll Furcht,
fliegt Haken, stürzt hinab, weicht aus;
Der Adler jagt, Hraesvelgr greift ihn an,
Der Aar-Blick ist voll Wut und Feuer!

Farbautis Erbe kommt von der Höhe nieder,
verbirgt sich als Widder im Wald;
Der Brücken-Ase gleitet nieder zu Busch und Baum,
bricht nun als Widder dem Widder hinterher durchs Holz.

Loki der Listige verwandelt sich in einen Mann,
Laufeys Sohnes Gegner tut es ihm nach;
Rasch reißt Lopt Rigr den Schwertgurt von der Schulter,
rennt wieder als Widder davon in den Wald.

Ohne Zaudern folgt ihm der zornige Ase,
zugleich kehrt von Heimdall ungesehen Loki um,
hurtig ergreift er des Asen Schwert, ruft ihn herbei,
herüber über die Büsche springt Heimdall zu ihm.

Er sah nicht des Loki erneute Verwandlung
er rennt hierher als Widder voll Wut.
Ein Schlag mit Heimdalls Schwert –
schon fällt Hallinskidis Haupt – Blut brodelt ...

Thors Begleiter ergreift den toten Leib,
trägt des Heimdalls Haupt hinfort;
wirft den Widder in die tiefe Kluft hinab
wo er fällt und fällt – hinab zur Hel.

*Aus dem toten Widder steigt der Adler auf,
an allen seinen Federn lodern Flammen ...
die Seele des Sonnen-Asen verläßt den Leib,
steigt auf nach Gimle, in die goldne Halle.*

*Singend fliegt er empor, schreit sein Todeslied,
die Sonne sinkt im Abendrot, in dem Begräbnis-Feuer;
nieder sinkt der Adler auf Arhaug am Rande Niflheims,
Nacht ist es geworden, Nebel hüllt den Hügel ein.*

*Freya naht dem Widder, flugs wird sie zum Schaf,
vereint sich mit dem toten Asen, trägt ein Lamm in sich;
Lieder singt sie, alte Weisen kommen über ihre Lippen,
Leben ruft sie, Wärme holt sie und das Licht.*

*Vor den Toren des Tages in aller Früh',
gebiert Freya das Lamm in aller Stille;
Heimdall wächst, Hallinskidi wird größer,
Himmel-Hügels Herrscher ist wiedergeboren!*

*Der Ase sieht den Falken fliegen am Adler-Hügel;
alsbald streicht er Leim auf eine Rute, birgt sie im Busch,
Fleisch steckt er auf die Rute: ein frischer Köder,
frech stürzt Loki nieder – und klebt fest ...*

*Heimdall greift ihn, fesselt ihn, legt ihn in den Hügel,
hebt den Torstein, sperrt ihn ein in dunkler Kammer;
gefesselt ist des Loki Mund, versperrt sein gieriger Schlund,
gefangen ist der Listige in der garstigen Hel!*

*Der Hornbläser greift der Freya Halsreif,
herab reißt er ihn von des Loki Gürtel;
eilt zu Freya, gibt ihn der Hand-Eis-Asin –
eilig weicht die Nacht, der Tag beginnt.*

*Im Tempel spricht der Priester am Tor des Tages,
Tatkraft sammelnd, Weisheit rufend, Licht erweckend:
„Hört mich, ihr geheiligten Völker,
ihr Heimdalls-Söhne, ihr Hohen und ihr Niederen!*

Den Runenzauber kenne ich, der Rat-Weise,
richtig singe ich ihn täglich als Volks-Erwecker,
den Asen zur Stärkung, den Alfen zum Gelingen,
dem Adler des Heimdall zum guten Flug.

Regenbogen-Ase, erscheine rasch!
Rücke hervor aus den Bergen!
Sonnengott, erwache aus Deinem Schlaf!
schiebe die Wolken fort und strahle am Himmel!"

Da weitet sich das Tor des dunklen Himmels,
Die Türe wird von Gerdr geöffnet;
Mörgenröte glüht auf, mächtige Feuer lodern,
die Morgensonne erscheint über Midgard.

„Ich bin der Nachkomme von neun Müttern,
ich bin der Sohn von neun Schwestern.
Ich bin der, der tot war und der nun wieder lebt,
Ich bin der, der schwarz war und der nun golden strahlt.

Ich werde geboren am Anfang des Tages: ich glühe feurig auf;
ich wirke Wunder mit meiner Stärke: ich nehme meinen Lauf.
Am Rand der Erde steige ich über die Berge empor,
Über Rindrs Ebene komme ich hinter Wolken hervor.

Gialp gebar mich und Greip brachte mich zur Welt,
die Göttin Ulfrun ist meine Mutter: ich leuchte am Himmelszelt.
Eistia ist meine Mutter und Angeyja und auch Eyrgiafa,
und auch Imd und Atla und auch die Riesen Jarnsaxa.

Dem Sohn mehrt die Erde die Macht,
erfüllt ihn mit Leben, daß das Herz in ihm lacht;
die See, windkalt, und auch die Strahlen der Sonne,
segnen mich mit Gedeihen, mit Mut und mit Wonne.

Auf Argiöl steige ich hinan: den Adler-Pfad;
Aus dem Goldhorn habe ich getrunken: die Weisheit.
Den Galdr habe ich gesungen: Gedeihen habe ich gerufen;
Das Grab in dem Hügel steht offen: der Tag hat begonnen.

Ich bin Heimdall, der Ase mit dem goldenen Haupt,
Ich bin Hallinskidi, ich fresse Yggdrasils goldenes Laub;
Ich bin Rig, mit goldenen Zähnen und mit goldenem Haar,
Ich bin der Regenbogen-Ase, mit Gold-Helm, hell und klar.

Die Menschen nennen mich den 'goldenen Asen',
Mein Name bei den Wanen ist der 'Weiße Gott';
Die Alfen sprechen mich oft als 'Hornbläser' an,
Die alten Zwerge kennen mich als 'Vindler' hoch oben.

Ich bin Schrei-Tyr, denn der Adler ist meine Seele,
Ich bin der Schwertgott, der Weiße, der Helle;
Ich bin der Goldene auf dem großen Schiff am Himmel,
ich bin der, der das Geschenk des Friedens bringt.

Mein Streitwagen ist golden und auch mein Schwert,
Zwei Schimmel sind meine Rosse, schnell und stark!
Mit goldener Mähne, goldenem Schweif
Und goldenen Hufen – alle beide!

Ich habe Asgard errichtet auf dem Idafeld,
Ich habe die Mauer erbaut, die Asenheim schützt.
Ich wache an der Brücke, die zu den Asen und Wanen führt,
Ich walte als Wächter der Götter hoch auf dem Regenbogen.

Ich steige am Horizont hinauf,
Ich gehe den Regenbogen hinan;
Ich stehe in der Höhe, den Sternen nah,
Ich lausche von dem steilen Bogen aus.

Ich bin göttlichen Stammes, der Gründer Gimles,
Ich bin der greise Vater der drei Stände;
Ich bin der Vater des ganzen Volkes,
Ihr Erschaffer, ihr Vereiner, ihr Herr.

Die Könige sind meine Söhne und auch die Krieger,
Die kundigen Priester und die Heiler sind meine Erben;
Die Hand-starken Bauern und die Handwerksleute
Können sich hier alle meine Nachkommen nennen.

Ich bin der Ahnherr eines jeden Herrschers,
heute und auch früher reisen sie bei der Krönung zu mir:
Sie kommen zu Rig, um selbst Rig zu werden,
um Reich und Menschen lenken zu können.

Ich bin der Geliebte der Freya, der Vertraute der Frigg,
der Freund der Gefion, der Gefährte der Huld;
Ich bin der Mann der Göttin, ihr Vater, ihr Sohn,
denn sie gebiert mich jeden Morgen.

Ich werde von Idun mit Äpfeln genährt,
Ich werde von Gunnlöd mit Met gelabt;
Mir wird von Menja Brot gereicht,
Ich werde von Fenja mit Laiben beschenkt.

Ich bin der Adler der Sonne,
Ich bin der Hirsch des Südens,
Ich bin der Hecht der Flüsse,
Ich bin der Feind des Falken.

Ich bin der Stier der Weiden,
Ich bin der Widder der Heide,
Ich bin der Hengst der Wiesen,
Ich bin der Herr der Weisen.

Ich bin der Bock der Berge,
Ich bin die Brücke des Himmels,
Ich bin das Schiff des Wanderers,
Ich bin der Mann des Lichtes.

Ich bin der weiße Ase,
Ich bin der weise Gott,
Ich bin Hallinskidi,
Ich bin Heimdall."

Urd, Skuld und Verdandi sind die drei Nornen, die das Schicksal bestimmen. Sie gehen auf die Jenseitsgöttin zurück, die jeden Morgen die Sonne (wieder-)gebiert.

„Schicksals-Schwestern" oder auf englisch „weird sister" ist eine alte Umschreibung für die Nornen, die auf „wyrd sisters" („Urd-Schwestern") zurückgeht.

„Freyas Tränen" sind eine Umschreibung für „Gold", mit dem hier die Sonne gemeint ist.

Sigtyr („Sieg-Tyr") ist ursprünglich ein Beiname des Tyr und später dann des Odin gewesen. Sein Feind ist Tyr bzw. Heimdall.

Görsemi ist die Tochter der Freya.

Widar ist Odin. Sein Bankgenosse ist hier Loki.

„Gefions Sonnenrad" ist eine Kenning für Freyas goldenen Halsreif Brisingamen, der die Sonne und die Wiedergeburt symbolisiert.

Bifröst („Zitternder, Schimmernder") ist die Regenbogenbrücke.

Ein Laach ist ein See.

Hraesvelgr ist der riesige Adler-Seelenvogel des Tyr (und daher auch des Heimdall).

Farbauti ist Lokis Vater.

Der Brücken-Ase ist Heimdall.

Thors Begleiter ist Loki – sie zogen einst zusammen mit Thialfi nach Geirrödsgard.

Der Sonnen-Ase ist hier Heimdall.

Gimle ist die goldene Himmels-Jenseitshalle des Tyr.

Der Hornbläser ist Heimdall.

„Eis" wurde als Heiti für „Metall" benutzt; „Hand-Eis" ist Metall an der Hand oder am Handgelenk, also ein goldener Armreif; die „Hand-Eis-Asin" ist somit eine Asin, die einen Armreif o.ä. besitzt, womit hier Freya, die Besitzerin des Halsreifs Brisingamen gemeint ist.

„Volks-Erwecker" ist die Übersetzung des Namens des Zwerges „Völkrerir", der in Odins Runenlied das Sonnenlied singt.

Gerdr öffnet im Skirnir-Lied das Himmelstor, woraufhin es hell wird, d.h. sie öffnet am Morgen das Horizont-Tor für die Sonne.

Die Sonne in der Unterwelt wurde „Schwarzsonne" genannt.

Rindr ist eine Erdgöttin. Ihre Ebene ist die Erdoberfläche. Deren Rand ist der Horizont, über dem im Osten die Sonne aufgeht.

„Argiol" bedeutet „Adler-Schreie" und ist ein Name der Regenbogenbrücke.

In manchen Beschreibungen trägt die Weltesche Yggdrasil goldenes Laub und wird dann „Glasir", d.h. „Leuchtender" genannt. Dieses Laub wird von Hirschen und von der Ziege Heidrun gefressen – und hier jetzt auch von Heimdall als Widder.

Die letzten sieben Strophen sind im Stil der Lieder der keltischen Druiden geschrieben, mit denen sie ihre Erlebnisse auf ihrer Jenseitsreise und ihre Wiedergeburt beschreiben. Auf dieser Reise nehmen sie die verschiedensten Gestalten an. Auch der Kampf zwischen Heimdall und Loki, bei dem sie mehrmals ihre Gestalt wandeln, ist an diese keltischen Druiden-Lieder angelehnt.

VII   Traumreise zu Heimdall

Ich lege mich bequem hin und schließe die Augen und spüre nach, wie ich diese Traumreise beginnen soll. Da sehe ich mich schon auf der Wiese stehen, auf der ich schon des öfteren gestanden habe, wenn ich zu den germanischen Gottheiten gereist bin.

Ich sehe das Ende des Regenbogens. Dort bin ich schon einmal zusammen mit Silke hinaufgestiegen. Das tue ich auch jetzt. Das ist irgendwie glatt, aber es geht.

Das ist ziemlich hoch oben. Ich geht weit oben über der Erde auf dem Regenbogen, aber mir ist nicht schwindelig, was mir bei der Höhe sonst eigentlich passieren würde.

„Heimdall?"

„Ja?"

„Ich bin hierher gekommen, weil ich Dich gerne besser verstehen würde. Darf ich zu Dir kommen?"

„Ja."

Er steht da; er hält ein langes Schwert in der Hand, das mit seiner Spitze vor ihm auf dem Boden steht, und er hält es mit beiden Händen an seinem Griff.

Er trägt einen Helm – auf dem ist irgendetwas Hohes – ich habe das Gefühl, daß das wie zwei Flügel sind – ich bin mir aber nicht ganz sicher …

„Heimdall, kannst Du meinen Blick klar werden lassen, daß ich Dich sehen kann, wie Du bist?"

„Ja."

Es wird heller …

Ich schaue und schaue, aber es dauert, bis das Bild klar genug wird …

Ich wundere mich, weil Heimdall deutlich kleiner und schlanker aussieht als ich ihn mir vorgestellt habe. Er ist sehr hell gekleidet.

„Bist Du die Morgensonne?"

„Das bin ich früher gewesen … Deshalb habe ich auch gerade eine junge Gestalt. Ich bin der weiße Jüngling, der bei Gefion gelegen hat – so wie Loki das in der Lokasenna erzählt."

„Kennst Du die Dinge, die ich in meinem Buch über Dich geschrieben habe?"

„Ja."

„Gibt es da Fehler oder etwas Wichtiges, das fehlt?"

„Du kennst nicht alle meine Lieder."

„Ich würde sie gerne kennen. Ich wollte Dich auch frage, was im Heimdalar-galdr vorkommt."

„Der Kampf mit Loki. Der Kampf auf der Schäre. Und ich kämpfe mit dem Schwert. Und ich sterbe und ich werde wiedergeboren. Und mein Lied ist vor allem mein Wiedergeburtslied. Die Verse aus dem Hyndla-Lied sind dem Galdr ähnlich. Ich werde morgens wiedergeboren. Und ich bin des Nachts bei Gefion, bei Freya."

„Und Loki?"

„Der herrscht des Nachts und im Winter. Wenn ich zurückkehre, sperre ich ihn in die Unterwelt."

„Wie fängst Du ihn?"

„Mit Leim. Ich fange den Falken auf einer Leimrute. Das kennst Du ja aus den Liedern."

„Habe ich das richtig erkannt, daß im Heimdalls-Galdr oft der inhaltliche Reim vorkommt?"

„Ja, aber nicht durchgehend – nur stellenweise."

„Gibt es Verse aus diesem Lied, die Du mir sagen könntest?"

Ich warte eine halbe Minute, bis eine Antwort kommt …

„Ich steige am Horizont hinauf, ich gehe die Regenbogenbrücke hinan."

„Sind das jetzt Originalverse?"

„Nein, die stammen aus Deinem Kopf."

„Kannst Du mir denn noch etwas zu diesem Lied sagen? Kommt da der Schären-Kampf vor?"

„Das ist ein anderes Lied."

„Was hat das damit auf sich, daß Dein Kopf 'Schwert' genannt wird und ein Schwert 'Heimdalls Kopf'?"

„Das hast Du schon richtig erkannt."

„Und was meint Snorri Sturluson damit, daß 'er' gegen den Kopf eines Menschen schlägt?"

Auch nach einer halben Minute kommt noch immer keine Antwort …

„Stirbst Du durch das Schwert in dem Lied?"

„Ich werde gefangen. Ich werde zu Utgardloki – zu 'dem, der im Jenseits eingesperrt ist'."

„Kommen in diesem Selbstbeschreibungs-Lied bei Deiner Geburt bestimmte Dinge vor?"

„Es ist dasselbe Lied, auf das in Odins Runen-Lied hingewiesen wird, das Völkrerir der Zwerg vor den Toren des Tages sang."

„Bist Du Völkrerir?"

„Ja und nein. Ich bin der, der gerufen wird … das bin ich, Tyr-Heimdall, und ich bin auch Völkrerir, der Priester – also Tyr und Diar, was dasselbe Wort ist."

Kurze Pause …

„Gibt es noch andere Dinge, die in diesem Lied vorkommen?"

Eine halbe Minute Pause …

Ich höre keine Worte als Antwort, aber mein Blick ist von oben nach Midgard hinunter gerichtet – so wie von dem Regenbogen herab nach unten, von der Sonne herab … dieser Blick scheint ein Teil dieses Liedes zu sein.

Kurze Pause …
„Heimdall, habe ich das richtig erkannt, daß Du aus Tyr entstanden bist?"
„Ja."
Kurze Pause …
„Gibt es etwas, was Du mir sagen oder zeigen möchtest?"
„Komm mit."
„Bleibt das hier jetzt unbewacht?"
„Das ist nicht Deine Sache. Komm mit."
Wir gehen ein Stück weit. Wir gehen zu einem Hügel und ich merke einen Druck in mir.
Heimdall: „Arhaug." (= „Adler-Hügelgrab")
„Das habe ich vermutet. Ist das der Heimdall-Hügel, das Tyr-Hügelgrab?"
„Das ist er. … … … Hier hinein."
„Alleine?"
„Alleine."
„Gut."
Tiefer Seufzer …
Ich gehe in den Gang. Ich komme an eine steinerne Tür – das ist eine Felsplatte, die vor den Eingang der Grabkammer in dem Hügelgrab gelegt ist. Ich schiebe sie zur Seite. Sie fällt hinter mir wieder zu. Es ist dunkel hier drinnen. Ich rufe mir Licht hierher.
Sehr tiefer Seufzer …
Ich höre Heimdalls Stimme in mir: „So wirst Du einst sterben."
„Ja."
Längere Pause …
„Hm, gibt es hier etwas, was für mich wichtig ist zu sehen?"
„Deinen Tod."
Pause, dann ein Seufzer …
„Ja."
Pause …
„Umarme ihn."
„Na gut."
Ich umarme den Tod – er sieht aus wie ich, ist aber halbdurchsichtig – und halb sehe ich mich zugleich als Gerippe, aber halb ist das auch nur eine Assoziation … Ich weiß garnicht so genau, was ich umarmen soll, aber ich halte mal die Arme auf und bitte den Tod, daß er herkommt.
Kurze Pause, tiefer Seufzer …
Der Tod macht etwas mit meinem Dritten Auge. Das ist irgendwie unbehaglich, so als ob ich mich wegdrehen müßte oder wollte, aber ich bleibe da.
Jetzt dehnt sich das nach unten hin aus und es arbeitet in meinem Körper … wie

so'n Ziehen … wie das Gefühl bevor man sich reckt und streckt oder sich schüttelt … so'n Druck im muskulären Nervenssystem …
Sehr tiefer Suefzer, kleine Pause …
„Ist das alles so in Ordnung, Heimdall?"
„Warte und schaue und blicke auf das rote Licht."
Dieses rote Licht habe ich jetzt auch gerade gesehen – vor mir auf der Höhe zwischen meinem Sonnengeflecht und meinem Herzchakra.
Pause, tiefer Seufzer und ein Stöhnen …
„Und nun?"
„Lade das Feuer ein."
„O.k. Feuer – dann komm' mal her."
Längere Pause …
Seufzer …
„Das Feuer kann nicht in mich hinein."
„Das soll es auch garnicht."
„Und was macht es da vor mir?"
„Es heilt Dich."
„Und was ist das?"
Kurze Pause …
„Drachenfeuer … Du bist im Hügelgrab."
„Drachenfeuer …"
Kurze Pause, in der sich in mir viele Bilder zusammenfügen.
„Du bist der Mann vor dem Drachen auf den Bildsteinen der Germanen!"
„Ja. Da ich auch Tyr bin, bin ich das."
Seufzer, kurze Pause …
„Das ist die Waberlohe …"
Noch ein Seufzer, kurze Pause …
„Komm wieder heraus – weiter geht es gerade nicht …"
„Ja, gut."
Ich bin wieder draußen.
„So richtig habe ich nicht verstanden, was das jetzt war."
„Deine Lebendigkeit ist noch gefangen. Das ist schon sehr viel besser geworden, aber es fehlt noch was."
„Kannst Du das ändern?"
„Ich bin doch schon dabei."
Fast eine ganze Minute, in der ich nur schaue und warte …
„Irgendwie ist das träge auf dieser Reise … Woran liegt das, Heimdall?"
„Nun, an Dir. Du hängst gerade ein bißchen fest."
„Kann ich da etwas tun?"
„Geh' raus … geh' durch den Wald …"

Kurze Pause …
„Möchtest Du mir noch etwas zeigen?"
Kurze Pause …
Ich sehe den Kampf der beiden Robben …
„Ist das dies andere Lied?"
„Ja."
„Und die kämpfen um Brisingamen?"
„Ja. Loki hat es gestohlen, und ich hole es zurück. Daraus ist später geworden: Loki hat es Freya gestohlen und Odin befiehlt Freya den Kampf der beiden Könige zu bewirken, damit er ihr Brisingamen zurückgibt."
„Wie hat Loki das gestohlen?"
„Als Robbe."
„Wie ging das vor sich?"
„Das ist der Ring des König Frode – den hat Loki gestohlen."
„Und dieser Pfosten, auf den König Frode diesen Ring gelegt hat? Ist das ein Tempel?"
„Das ist die Halle der Freya. Dort lag dieser Ring … auf dem Altar."
„Und wo steht dieser Tempel?"
„Du hast ihn schon gesehen … auf einer Insel. Auf einer Insel, die manchmal unter Wasser ist – auf einer Schäre – und dann ist es Fensalir (= „Sumpfsaal"), Friggs Halle."
„Ja, und die von Grendels Mutter." (Diese Halle steht auf dem Grund eines Sumpfes.)
„Und da ist er hinabgetaucht? Aha!"
Mir gehen allerlei mythologische Bilder durch den Kopf …
„Ein Ort hinter einem Wasserfall?" (wie bei dem Tyr-Zwerg Andwari)
„Das war jetzt Deine Assoziation … aber das Bild wäre auch möglich, ja."
Eine halbe Minute Pause …
„Wie geht das weiter?"
„Heimdall erlangt den Ring und kehrt damit zu Freya zurück."
„Freya ist Gefion, mit der sich Heimdall dann vereint?"
„Das steht nicht so explizit in dem Lied, aber das gehört dahin, ja."
„Und dort trinkt er den Göttermet?"
„Ja."
„Das ist die Szene aus der Gunnlöd-Mythe. Und das ist der Ursprung von Surtur aus Tiefental, aus Sökkdalir, und von Saga, die dort sitzt und mit Odin Met trinkt."
„Dort war vorher Tyr und Heimdall."
„Ist das ein goldenes Trinkhorn bei Saga?"
„Sie hat ein einfaches Horn, aber die Goldhörner stellen genau dieses Horn im Ritual dar."

„Ist das auch das Auerochsenhorn aus der Saga über Sturlaug den Mühen-Beladenen?"

„Ja, nur da ist die Göttin schon zu einem weiblichen Ungeheuer geworden..."

Kurze Pause, Seufzer ...

„Heimdall, ich habe irgendwie so'n Druck auf der Brust..."

„Nun, zwei Tage vor Vollmond ist bei Dir doch immer der Wolfstag ... Du lebst Deine Wölfin gerade nicht!"

„Ist das jetzt Deine Antwort oder stammt das aus meinem Kopf?"

„Das stammt aus Deinem Kopf, aber ich stimme dem zu."

Pause und noch ein Seufzer ...

„Und was ... ja, ich weiß schon: rausgehen ..."

Pause ...

Ich: „Ja ..."

Noch eine Pause ...

„Und heute abend tanzen gehen?"

„Das ist auch o.k. Das ist richtig so."

Pause ...

„Kannst Du mir noch einen Rat geben, Heimdall?"

Ich spüre, daß Heimdall auf einmal wütend wird.

„Warum, Heimdall?"

„Ich spiegele Dir Deine Wut."

„Hm, aber auf wen oder was?"

Ich muß unwillkürlich stöhnen, als ob ich eine Last abwerfen wollte ...

Pause ...

„Ja, ich kann sehen, was es ist ..."

Längeres Schweigen ... mehrere Seufzer ...

„Kehre jetzt wieder heim. Mehr ist jetzt im Moment für Dich hier nicht zu sehen."

„Sag, Heimdall, ich hab' irgendwie das Gefühl, daß das ein Traumreise ist, die ich angefangen habe, aber die ich irgendwie nicht fertigbringe, daß ich einfach nicht bis zum Wesentlichen komme. Stimmt das?"

„Ja, das stimmt."

„Kannst Du mir das Wesentliche denn zeigen?"

Ich dachte erst, ich soll in die Sonne gucken, aber dann sagt Heimdall: „Schau' mir in die Augen!"

Ich rutsche in Heimdall hinein. Ich dachte, da kommt jetzt was ganz Kriegerisches, aber es ist total friedlich und sanftmütig ...

Der tiefste Seufzer bisher ...

„Das ist Loslassen ... Das ist das, was der Tod Dir in dem Grab zeigen wollte: Deinen Tod."

Ein sehr entspannter Seufzer ...

„Ja …"
„Das kennst Du, das Sterben …"
„Ja."
Ein entspannendes Gähnen …
„Du kennst es schon, aber Du klammerst Dich immer wieder an Dingen, an Menschen, an Begegnungen fest … … … Laß' das Leben fließen! Es entsteht und vergeht und entsteht und vergeht aufs Neue …"
Noch ein Seufzer …
„Aber Deine Seele hat Dein Leben für Dich so erschaffen. Wenn Du Dich drauf einlassen kannst, ist es das Beste, was Dir überhaupt passieren kann."
Noch ein Seufzer … das sind ziemlich viele auf dieser Traumreise …
Ich wollte sagen „Ich versuch's", aber dann fiel mir Meister Yodas Spruch ein: „Es gibt kein Versuchen! Tu' es oder laß' es!"
Und Heimdall schmunzelt, als er mitkriegt, daß ich daran denke …
„Nicht 'tun oder lassen' – das Leben fließen zu lassen ist das einzige Sinnvolle; wenn Du das wirklich verstanden hast, wirst Du es auch immer tun."
Noch ein Seufzer …
„Meiner Seele vertrauen … und spüren, wo es langgeht … und da sein, wo ich gerade bin … ja …"
Da wird meine Stimme auf einmal wieder ganz tief – dieser schöne, volle Baß …
„Ist es das, was Du mir zeigen willst, Heimdall?"
„Du hast das gefunden, was Du gerade am nötigsten gebraucht hast. Das ist immer so, wenn Dir eine solche Reise gelingt."
Ein sehr tiefes, entspannendes Gähnen …
„Danke, Heimdall! … … … Und Du – möchtest Du etwas über Dich sagen?"
„Es ist schön, daß Du vorbeikommst und daß Du mich zu verstehen versuchst."
„Danke, Heimdall! … … … Gibt es etwas, wovon Du möchtest, daß es auch in meinem Buch über Dich steht?"
Längere Pause …
„Sei Dir treu!"
„Das bin ich. … Danke, Heimdall."
„Wir werden uns wiedersehen."
„Das wäre schön, ja."
Ich wünsche mich wieder zurück nach unten auf die Wiese am Fuße des Regenbogens. Ich sitze dort noch einen Moment und kehre dann zurück.
„Ho!"

Diese Traumreise hat eine dreiviertel Stunde gedauert.

VIII   Heimdall heute

Die Funktion des Wächters, Beschützers und Bewahrers ist für jedes Lebewesen und für jegliche Organisation lebensnotwendig – der Selbstschutz ist eines der Merkmale aller Lebewesen. Heimdall ist sozusagen die Haut und das Imunsystem. Daher gibt es viele Situationen, in denen man Heimdall um Hilfe bitten könnte – von Erkältungen bis hin zu Kriegen.

Es gibt jedoch auch eine Seite des Heimdall, die nicht sofort auffällt. Dieser Gott ist bis 500 n.Chr. der ehemalige Sonnengott-Göttervater Tyr gewesen, aber nach seiner Absetzung durch Thor und Odin um 500 n.Chr. war er nur noch der Wächter der Götter. Er ist vom König zum Knecht geworden oder, um es in der heutigen Sprache zu formulieren: Er ist vom rzum Geschäftsführer oder Filialleiter degradiert worden – oder gar zum Nachtwächter …

Im Gegensatz zu den meisten anderen Aspekten des Tyr, die zu Riesen geworden sind, die von Thor oder den Asen insgesamt getötet werden (Thiazi, Hymir, Geirröd, Hrungnir, Thrym usw.) hat es Heimdall geschafft, nicht vollkommen zu scheitern, sondern die „feindliche Übernahme" durch Odin und Thor weitgehend heil zu überstehen.

Daher kann man Heimdall auch um Hilfe bitten, wenn man die eigenen Ziele nicht erreicht hat oder ein großes Projekt gescheitert ist. Heimdall kennt diese Situation und wird einem helfen können …

In der Homöopathie gibt es ein Medikament, daß dieser Situation recht ähnlich ist: Lycopodium (Bärlapp). Dieses Mittel gibt man Menschen, die viel angestrebt und auch einiges erreicht haben, aber dann doch mit ihren Zielen gescheitert sind und nun nur noch ihren Gerechtigkeitssinn bewahrt haben und glauben, daß ihre „große Zeit" vorüber ist. Wenn man ein Homöopath sein sollte und einen Patienten vor sich hat, der in einer Lycopodium-Situation steckt und mit der germanischen Religion sympathisiert, könnte man ihm vorschlagen, sich an Heimdall um Hilfe zu wenden.

Ein zugegebenermaßen eher spezieller Fall … aber das Scheitern eines Projektes wird fast jeder kennen und dabei ist „Hilfe von oben" ja meistens recht nützlich …

Verzeichnis der Themen

(die Zahl ist die Nummer des Bandes, in dem sich das Thema findet)

1 47	540 47	Alius 32	Aur 55
2 47	700 47	Alraune 45	Aurboda 35
3 47	800 47	Alsvatr 5	Aurgelmir 5
4 47	900 47	Alswid 34	Aurgrimnir 5
5 47	1.200 47	Althiof 7	Aurnir 34
6 47	10.000 47	Alvor 35	Aurvandil 20
7 47	432.000 47	Alwis 7	Aurwang 7
8 47	1+8=9=8+1 47	Alwit 31	Aurwang 48
9 47	**Adler** 40	Ama 35	Austri 32
10 47	Adler auf dem	Amboß 67	Auzon => Kiste
11 47	Weltenbaum 41	Amgerdr 28	Axt 66
12 47	Adler bei der	Ampfer 45	**Bafur** 32
13 47	Einweihung 40	Andad 34	Bakrauf 35
14 47	Adlergestalt:	Andhrimnir 39	Baldrian 45
15 47	- des Franmar 40	Andvari 7	Baldur 9
16 47	- des Hraesvelgr 40	Angantyr 39	Bara 35
17 47	- des Odin 40	Angeyja 35	Bari 6
18 47	- des Thiazi 40	Angrboda 26	Bari 20
20 47	Adler-Traum der	Ann 32	Baugi 5
22 47	Kostbera 40	Annar 20	Bär 43
23 47	Aelrun 31	Arm-Wunde 63	Bärenfell 62
24 47	Affe 44	Arngrim 6	Barke 49
28 47	Agdai 39	Apfel 45	Bärlapp 45
30 47	Ägir 10	Asen 36	Basilikum 45
32 47	Agnar 39	Asgard 52	Beifuß 45
33 47	Ahnen 36	Ask 39	Beinvidr 34
36 47	Ai 32	Aslaug 31	Bekkhild 31
37 47	Aki 6	Asperan 34	Beleidigungs-
40 47	Aki 16	Astralreise 50	Wettstreit 73
41 47	Alban 32	Asvid 6	Beli 5
46 47	Alberich 7	Atem 64	Beowulf 39
48 47	Albewin 7	Atla 35	Bergdis 28
72 47	Alcis 12	Atli 37	Bergelmir 6
80 47	Alf 6	Atward 20	Bergriese 6
90 47	Alf 32	Auchoff 34	Berg-Zwerge 32
99 47	Alfarin 34	Aud 20	Berling 32
100 47	Alfen 36	Auerhahn 40	Bertha 28
120 47	Alfhild 31	Auge 63	Berserker 62
300 47	Alfrigg 32	Augenbraue 63	Bertram 45

Bertramsgarbe 45
Besen => Stab
besonderer Schrei 64
Bestattung 64
Bestla 35
Betonica 45
Beyla 39
Biber 44
Biene 40
Bifröst 49
Bifur 32
Bikki 16
Bil 29
Bild 7
Billing 5
Billing 7
Bilsenkraut 45
Birkhuhn 40
Biört 29
Björgolfr 6
Björgulfr 34
Blain 33
Blapthvari 34
Blasebalg 67
blau 46
Blau-Menschen 36
Blau-Riesen 36
blau-schwarz 46
Blick 63
Blid 29
Blidur 29
Blind 16
Blindheit 63
Blodughadda 35
Blutsbrüder 55
Bödhild 28
Bogen 66
Bömbur 32
Bölthorn 5
Borr 34
Botewart 7
Both 20

Bragi 19
Bragi-Riesin 35
Brak 16
Brana 35
Brandingi 5
braun 46
Brenner 39
Brezel-Ornament 64
Brimir 33
Brisingamen 60
Brokk 32
Brombeere 45
Brücke 49
Bruderkampf 55
Brüngerd 35
Brünhild 31
Bruni 5
Bruni 32
Brünne 66
Brunnen 49
Buri 34
Bryja 35
Bryla 34
Bryngerd 28
Buri (Zwerg) 32
Buseyra 35
Byggvir 39
Byleist 20
Bylgia 35
Comandion 7
Dag 48
Dagfinnr 32
Dain 32
Dalar 32
Dalr 32
Delling 20
Delling 48
Dellingr 32
Delphin 44
Dietwarta 29
Disen 36
Distel 45

Diurnir 7
Dofri 34
Dolgtrasir 32
Donnerrebe 45
Dori 32
Dorn => Schlafdorn 55
Drachen 41
Drachenblut =>
Drachen
Drachenschiff 55
Drasian 6
Draupnir (Zwerg) 32
dreifarbiger Stein 67
dreiköpfiger Riese 5
drei Riesinnen 35
drei wahre Worte 64
Drifa 35
dritter Bruder 55
Dröfn 35
Drossel 40
Drudgelmir 5
Duf 32
Dufa 35
Dufr 32
Dulin 32
Dumbr 6
Dunneir 32
Durathor 32
Durin 32
Durnir 32
Durnir 34
Düsterwald 49
Dwalin 32
Eber 42
Eberesche 45
Edda (vollständig) 77
Efeu 45
Egdir 5
Egil 39
Ei 40
Eibe 45

Eiche 53
Eicheln 45
Eichhörnchen 44
Eid 68
Eik 28
Eikinskjaldi 32
Eimer 67
Eimgeitir 35
Eimyria 35
Einäugigkeit 63
Einheer 34
Einweihung 50
Eir 29
Eir 31
Eis 52
Eisa 35
Eisen 55
Eisenkraut 45
Eisriesen 34
Eistla 35
Eisurfala 35
Eiymyria 35
Ekstase-Kieger 62
Elch 42
Eldhrimnir 57
Eldir 39
Eldr 34
Elefant 42
Elendshaut => Hel-Haut
Else 35
Embla 28
Embla 39
Ente 40
Erce 20
Erde 52
Erdbeben 55
Erste Ursache 55
Eschenholzkasten =>
Kiste 57
Esel 42
Estroval 39

Eugel 7	Fiölvör 35	Frühlingstagund-	Geitla 35
Eule 40	Fiörgyn 20	nachtgleiche 54	Geitir 35
Eyrgjafa 35	Fiörgyn 23	Fulla 29	gelb 46
Faden 55	Fisch 44	Fullas Haarreif 60	Geliebter der Gefion 6
Fafnir (Zwerg) 32	Fjölverkr 34	Fullafle 34	Gerber-Schaber 67
Fährmann 49	Fjötra 29	Fundin 32	Gerdr 28
Fala 35	Flachs 45	Fuß 63	Geri 43
Falkenkleid:	Flegda 35	Fylgia 50	Gespenst 50
- der Freya 40	Fleur-de-lys 55	Fynir 6	Gestaltwandel =>
- der Frigg 40	Fleggr 34	Fynir 34	Verwandlung
Falke 40	Fliege 40	**Galar** 32	Gesang 68
Fallar 32	Fluch 68	Galarr 34	Gestilja 35
Farbauti 6	Flügel des Wieland 40	Galdr 64	Getreide 45
Farn 45	Flügelschuhe 67	Gallapfel 45	Gewöhnlicher
Farseti 6	Flugschuhe des Loki 40	Gandalf 32	Flachbärlapp 45
Faulheit =>	Fluß 49	Ganglati 34	Geysa 35
Feuersitzen 55	Frägr 32	Ganglot 6	Gialar 32
Feima 35	Franmar 37	Gangr 34	Gift 70
Fenchel 45	Frar 32	Gangr 33	Gifur 43
Fenja 28	Freki 43	Gans 40	Gigas 6
Fenrir 6	Freya 22	Gänsefuß 45	Gilling 6
Fenrir 43	frühe Skaldenlieder 78	Garm 43	Gillings Frau 28
Fernhypnose 64	Freyr 15	Gautan 39	Ginnar 32
Ferse 63	Fried 29	Gautrek-Saga => Snotra	Ginnungagap 49
Fessel 66	Friedenszauber 6	Geban 20	Gjalp 35
Fessel-Zauber 64	Fridr 29	Geburts-Orakel 64	Glamr 34
Feuer 55	Frigg 21	Gefäße 57	Glatundshundr 43
Feuersitzen 55	Folde 20	Gefion 20	Glaumar 34
Feuerzauber 64	Fonn 34	Gefion-Geliebter 6	Glaumarr 34
Fialar 32	Forat 35	Gefiun 20	Glaumr 6
Fid 32	Forelle 44	Gefjon 20	Glenr 48
Fieberkraut 45	Fornjotr 6	Geist 50	Glitni 5
Fili 32	Forseti 19	Geier 40	Glöd 35
Fimafeng 39	Frosti 32	Geirahöd 31	Gloi 32
Fimbulwinter 55	Frosti 34	Geiravör 31	Glück 64
Finger 63	Fruchtbarkeit 64	Geirdriful 31	Glückstrank 70
Finnalf 5	Fuchs 43	Geirönul 31	Glumra 35
Finnar 32	Frauenhaarfarn 45	Geirröd 5	Glymra 35
Finnmark-Riese 34	Frühling 54	Geirrota 31	Gna 29
Fiölkald 34		Geirskögul 31	Gneip 35
Fiölmor 39		Geitir 6	Gnepja 35
Fiölnir 20			

Goi 34	Grotunagard 52	Har 32	Hel-Haut 49
Gold 55	grün 46	Hära 35	Helidi 27
Goldalter 55	Gryla 35	Hardbeen 6	Hellebarde 66
Goldemar 7	Gudr 31	Hardgreip 35	Helreginn 5
golden 46	Gudrun 31	Hardgreipir 34	Helm 66
Goldhelm 66	Gudmund 5	Hardverkr 34	Hengikefta 35
Goldhörner von Gallehus 57	Gullnir 5	Harek Eisenkopf 6	Hengiköpt 6
	Gullveig 29	Harfe 57	Hengjankapta 35
Göll 31	Guma 35	Harz 45	Hepti 32
Golnir 5	Gundelrebe 45	Hase 44	Herbst 54
Göndul 31	Gunn 31	Hasel 45	Herbsttagundnachtgleiche 54
Gorr 34	Gunnlöd 28	Hastingi 34	
Görsemi 29	Gunnthinga 31	Hati 5	Herche 20
Götter 36	Gürtel 60	Hati 43	Herdentiere 42
Götterdämmerung 55	Gusir 6	Hattatal 77	Herdentierfell 42
Götterkampf 55	Gygr 35	Haudr 20	Herfjötur 31
Göttermet 69	Gylfaginning 77	Haugspori 32	Hergrim Halbtroll 5
Götter-Tiere 44	Gyllir 5	Haym 34	Hergunnur 35
Gottesurteil 64	Gyllir 34	Hecht 44	Heri 32
Gurgelbiß 55	Gyma 20	Hedin 39	Herja 31
Grab 49	Gymir 5	Hedin und Högni 79	Herkir 6
Grani 6	**Haarband** 60	Hefring 35	Herkja 35
grau 46	Haare 63	Heid 35	Hermodr 37
Grendel 5	Habicht 40	Heiddraupnir 5	Hertha 28
Grendels Mutter 35	Hafle 34	Heide 49	Hervor => Heidrek
Greppur 34	Hafli 5	Heidrek 39	Hervor und Heidrek => Heidrek
Grer 32	Hafthi 39	Heidungi 6	
Grid 28	Hagen 16	Heilige Hochzeit => Wiederzeugung 55	Herz 63
Grid 35	Hahn 40		Hexe 58
Grim 5	Hala 35	Heiliger Hain = Weltenbaum 52	Hianka 31
Grim 39	Halfdan 39		Hidde 34
Grima 35	Halfdan Brana-Ziehsohn 79	Heilung 64	Hild 31
Grimhild 31		Heilziest 45	Hildolf 5
Grimling 5	Halfdan Eisteinson 79	Heimdall 8	Hildolf 20
Grimnir 5	Hamdir 39	Heimir 39	Himingläva 35
Grim Struppig-Wange 79	Hamingja 50	Heinir 34	Himmel 52
	Hammer 66	Heith 35	Himmelsrichtungs-Mandala 54
Grip 35	Hand 63	Heithdraupnir 5	
Gripir 34	Handschuhe 60	Hel 26	Himmelsträger-Zwerge 32
Grissa 35	Hanf 45	Helblindi 20	
Groa 28	Hannar 32	Helgi 39	Hirsch 42
Grottintanna 35	Hantel-Symbol 55	Helgi Thorisson 79	Hjaltrimul 31

Hjortrimul 31	Hraudnir 6	Hymir 6	Jenseitsbarke 49
Hjötra 28	Hraudungr 5	Hymnen an die Götter 80	Jenseitsberge 49
Hjuki 29	Hrede 29		Jenseitsbrücke 49
Hläwang 32	Hreidmar 7	Hyndla 26	Jenseitsfährmann 49
Hlebard 6	Hremsa 35	Hypnose 64	Jenseitsfluß 49
Hleidr 35	Hrimgerdr 28	Hyrrokkin 26	Jenseitsgrenzen-Landkarte 49
Hler 10	Hrimgerdr 35	**Idi** 34	
Hlidolf 32	Hrimgrimnir 34	Idun 25	Jenseitshalle 49
Hlif 29	Hrimnir 34	Igel 44	Jenseitsinsel 49
Hlifthursa 29	Hrim-Riesen 34	Illugi Grid-Ziehsohn 79	Jenseitsleiter 49
Hlin 29	Hrimthurs 34		Jenseitsmauer 49
Hlodyn 20	Hringi 5	Ilmr 29	Jenseitsreise 49
Hlödyn 20	Hringvölnir 5	Ima 35	Jenseitstor 49
Hloi 34	Hripstodr 34	Imd 35	Jenseitstor-Gitter 49
Hlöll 31	Hrist 31	Imgerdr 35	Jenseitstor-Hund 49
Hlora 35	Hrist 29	Imr 6	Jenseitswächter 49
Hnoss 29	Hrisungr 6	Imsigul 34	Jenseitswald 49
Hochsitz 57	Hroarr 5	Imth 35	Jenseitswasser => Wasser 49
Hochsitzsäulen 57	Hrod 35	In 20	
Hoddraupnir 5	Hrodwitnir 5	Ingibjörg 29	Jenseitsweg 49
Hoddrofnir 5	Hrodwitnir 43	Ingibiörg 31	Johanniskraut 45
Hödur 19	Hrökkvir 6	Intuition 64	Jokul 34
Hofund 19	Hrönn 35	Inzest 51	Jokul Eisenrücken 34
Höggstari 32	Hrossthjofr 34	Irmin 20	Jörd 23
Högni 16	Hrotti 5	Irpa 29	Jomali 20
Högni 39	Hruga 28	Istwas 20	Jörmungandr 41
höhere Mächte 36	Hrungnir 5	Itrek 5	Jörmunrek 39
Holmgang => Zweikampf 55	Hrungnir-Herz 67	Itreksjod 5	Jorunn 29
	Hryggda 35	Itreksjod 20	Jötunn 6
Holunder 45	Hyria 35	Ividja 35	Jotunbjorn 6
Homöopathie 64	Hrym 34	Iwaldi 5	Julnacht 54
Honig 40	Hrund 31	Iwalt 5	**Käfer** 40
Honigtau 45	Hügelgrab 49	Iwiedie 29	Kaldgrani 34
Hönir 18	Hugin 40	**Jari** 32	Kamille 45
Horn 57	Huhn 40	Jamtaland-Zwerg 7	Kampfmagie 64
Horn (Riesin) 35	Huldar 28	Jarngerdr 28	Kannibalismus 55
Hörn 29	Hund 43	Jarnglumra 35	Kara 31
Hörn 35	Hundalfr 6	Jarnhauss 6	Karabin 34
Horn-Neb 35	Hunding 16	Jarnnef 34	Kari 6
Hornbori 32	Hvalr 6	Jarnsaxa 28	Katze 43
Hraesvelgr 6	Hvedra 35	Jarnvidja 35	Kausalität 55
Hrafnhild 35	Hvedrungr 16	Jenseits 49	Keila 34

Keiler 42	**Lachanfall** 64	Luchs 43	Miötwitnir 32
Kenningar 75	Lachen 55	Lutr 34	Mjoll 34
Kerbel 45	Lachs 44	Lyngheid 35	Modgudr 29
Kessel 57	Landgeister 36	**Magni** 19	Modgudr 31
Keule 66	Lauch 45	Malseron 34	Modi 19
Kiebitz 40	Laufey 26	Mana 35	Modrädnir 32
Kili 32	Laurin 7	Managarm 43	Modsognir 7
Kisi 34	Laus 40	Mannus 20	Mögthrasir 6
Kiste 57	Leber 63	Mardalla 27	Moin 32
Kjallandi 6	Leib 63	Marder 43	Mökkurkjalfi 6
Kjallandi 35	Leidi 34	Margerdr 35	Molda 35
Klaufi 34	Leifi 6	Margerthur 35	Mona 20
Klee 45	Leifnir 6	Mangold 45	Mond 48
Kleima 35	Leikn 35	Mantel 67	Mondul 32
Knochen 67	Leimrute 66	Mantel der Nanna 67	Moosfrau von Saalfeld 32
Knoten 64	Leiter 49	Marnar 29	
Kobolde 36	Leirvör 35	Märzviole 45	Moosleute von Arntschgereute 32
Kol der Bucklige 39	Leopard 43	Maske => Helm	
Kolfrosta 28	Lerche 40	Maus 44	Mörn 35
Kolga 35	Lidskialf 20	Meer 49	Möwe 40
Kopf 63	Liebestrank 70	Meer der Zeit 55	Mühle 66
Kormoran 40	Liebeszauber 64	Meer-Menschen 36	Mundilfari 6
Korn 45	Lif 39	Mehlbeere 45	Munin 40
Körperteile 65	Lifthrasir 39	Mehltau 45	Munnharpa 35
Köttr 34	Litr 6	Meili 9	Münze 67
Kraftgütel => Gürtel	Litr 32	Meise 40	Muspel 6
Krähe 40	Ljod 29	Menglöd 22	Muspelheim => Feuer 52
Kraka 31	Ljota 35	Menja 28	
Kranich 40	Lodin 6	Menschenopfer 64	Myrkrida 35
Kräuter 45	Lodinfingra 35	Messer 66	Myrkvid 49
Kreppvör 35	Lodur 16	Midgard 52	**Nabbi** 32
Kriegerin 62	Lofar 7	Midgardschlange 41	Nacktheit 60
Kreuzblume 45	Lofn 29	Midi 6	Nadel 55
Kreuzkraut 45	Lofnheid 35	Midjungr 34	Nägel 55
Krönung 64	Logi 34	Midwitnir 6	Naglfar 49
Kröte 44	Loki 16	Mimir 6	Nain 32
Kuckuck 40	Loni 32	Mist 31	Nali 32
Kuril 6	Lopthoena 28	Mistel 45	Namensgebung 64
Kult 55	Lori 35	Mistkäfer 40	Nanna 21
Kundalini 64	Loricus 6	Mittelpfeiler => Yggdrasil	Nauma (Hel) 35
Kwasir 20	Löwe 43		Nar 32
Kyrmir 6	Löwenmäulchen 45	Mittsommer 54	Narfi 6

Nari Loki-Sohn 19	Nyi 32	Priester 60	Ringkampf 55
Nati 6	Nyr 32	Priesterin 58	Rist 31
Naudir 36	Nyrad 32	Prolog (Edda) 77	Robbe 44
Nebel 64	**Oddrun** 31	Prophezeiung 71	Rögnir 7
Nefia 35	Odin 13/14	Pukis 36	Rose 45
Nehalennia 29	Odr 20	**Rabe** 40	Röskva 37
Neri 30	Ofoti 5	Rad 67	rot 46
Neris Schwester 30	Öflugbarda 35	Radgrid 31	rota 31
Nerthus 28	Öflugbardi 6	Radvör 35	Rotkehlchen 40
Nepr 20	Ogautan 39	Ragnar Lodenhose 39	Rücken 63
Nessel 45	Ogladnir 6	Ragnarök 55	Rud 35
Netz 67	Ogn 35	Ran 27	Rudent 6
Neuentstehung aus den Knochen 55	Ohr 63	Randalin 31	Rudi 34
	Oin 7	Randgnid 31	Runa 35
neun Heimdall-Mütter 35	Olius 32	Randgrid 31	Runen 72
	Ölwaldi 5	Rangbeinn 5	Runenkästchen von Auzon => Kiste
neun Schwestern 35	Omen 71	Rasereitrank 70	
Niblung 7	Onarr 48	Raswid 32	Runenstein 64
Niblung 39	Öndudr 6	Rätsel 76	Runenstein von Ardre 64
Nicor 34	Onn 32	Raud 34	
Nid 64	Opfer 64	Raugnir 34	Rußland-Riese 6
Nidi 32	Orakel 71	Raum 6	Rütze 35
Nidr 28	Oregano 45	Reck 32	Rygi 35
Nidud 16	Ori 32	Regenbogenbrücke 49	**Saemdill** 6
Nieswurz 45	Örnir 6		Saga 28
Niflheim => Eis 52	Ortnit 34	Regin 7	Sährimnir 42
Niping 32	Ösgrui 5	Reginleif 31	Säkarsmuli 6
Nirdir 10	Öskrudr 34	Reiher 40	Salbei 45
Niola 48	Ostara 29	Rentier 42	Salfangr 6
Njola 48	Osten 54	Riesen auf der West-Insel 6	Sam 34
Njörd 10	Otr 32		Sämingr 39
Njörun 29	Otter 44	Riesen-Baumeister 6	Sanngrid 31
Nölvi 10	Otunfaxe 39	Riesen von Feldkirchen 34	Sati 51
Norden 54	**Penis** 55		Säule => Weltenbaum 52
Nordosten 54	Perchta 28	Riesen von Lichtenberg 35	
Nordri 32	persönliches Glück 64		Saxnot 20
Nordwesten 54	Pfeil 66	Rifingalfa 35	Sceaf 20
Nori 32	Pferd 42	Rifingöflu 35	Schachtelhalm 45
Nornen 30	Pferdezwillinge 12	Rigingöflu 35	Schädelschale 63
Norr 34	Pflug 67	Rind 42	Schadenszauber 64
Norr 48	Phol 9	Rindr 20	Schaf 42
Nott 48	Polygamie 55	Ring 57	Schafgarbe 45

Schaumkraut 45	Siar 32	Skorpion 40	Sternbild 55
Schierling 45	Sichel => Sense	Skrati 34	Stigandi 5
Schild 66	sieben Schwestern 28	Skrymir 5	Storch 40
Schlafdorn 55	Siegfried 38	Skrimnir 5	Storkvid 34
Schlangen 41	Sieglind 31	Skuld 30	Stoverkr 34
Schlangenauge 63	Siegstein 67	Slagfid 39	Strahlen-Breitsame 45
Schlangengrube 49	Sif 24	Sleggja 35	
Schlangenzunge 63	Sigdrifa 31	Snae 34	Strudel 49
Schleifstein => Wetzstein	Sigurd 38	Snotra 29	Struthan 34
	Sigi 39	Solbiart 5	Stumi 5
Schmetterling 40	Sigrlami 39	Sohn der Freya 19	stumm 63
Schmied 4	Sigrun 31	Sohn des Freyr 19	Süden 54
Schmied 55	Sigyn 28	Solblindi 5	Südosten 54
Schnecke 44	silbern 46	Sölfn 29	Sudri 32
Schneeweiß-Goldschöne 28	Simul 31	Sommer 54	Südwesten 54
	Sinmara 28	Somr 5	Surtur 6
Schuh 63	Sindri 32	Sonne 48	Suttung 6
Schutzgeist => Fylgja/Hamingja	Sinthgunt 29	Sonnengöttin 48	Svada 5
	Sivör 35	Sonnenhymne 64	Svadi 5
Schutzzauber 64	Sjuld 31	sonstige Magie 64	Svaf 7
Schwalbe 40	Skadi 20	Sörli 39	Svarangr 5
Schwan 40	Skafid 32	Spatz 40	Svasudr 6
Schwanenkleider der Walküren 40	Skalden 61	Specht 40	Svatr 6
	Skaldatal 77	Speer 66	Sveid 31
Schweden-Riese 6	Skaldenlieder 78	Sperber 40	Sveipinfalda 35
Schwein 42	Skaldinnen 61	sprechende Tiere 41	Svidi 6
Schwert 66	Skalli 34	Sprichworte 74	Svip 5
Schwitzhütte 64	Skalmöld 31	Spindel 55	Svipul 31
sechsköpfiger Riese 6	Skadskaparmal 77	Spinnerin 55	Svivör 31
Seehund 44	Skärir 5	Spiritus familiaris 36	Swaf 20
Seekuh 44	Skeggiöld 31	Sprettingr 5	Swanhild 31
Seelenvogel 40	Skidbladnir 49	Stab 67	Swanwit 31
Seelenvogel 50	Skimsli 5	Starkad 6	Swawa 31
Segen 68	Skirnir 37	Starkad 39	Swior 32
Seher 60	Skirkjar 35	Stärketrank 70	Swipdag 20
Seherin 58	Skirwir 32	Statue 57	Syn 29
Seidelbast 45	Skjalf 29	Stein 64	Syr 29
Seidr 64	Skjalv 34	Steine und Edelsteine 64	**Tafl** 57
Sel 6	Skjellinefja 29	Steinigung 55	Tal 52
seltsamer dritter Bruder 55	Skjöldr 39	Stern 48	Tamfana 29
	Skögul 31	Sternbild 48	Tarn-Kappe 67
Sense 67	Sköll 43		Tarn-Umhang 67

Tasche 60	Thrungva 29	Uri 20	- in Fuchs 65
Tätowierungen 55	Thrym 6	Utgard 52	- in Geier 65
Tattoo 60	Thulur 77	Utgardloki 6	- in Habicht 65
Tau 52	Thundr 6	Ungeheur 41	- in Hecht 65
Taufe 64	Thundr 29	Utiseta 50	- in Hirsch 65
Teer 45	Thurbiörd 35	**Vagnhöftdi** 34	- in Hund 65
Telemark-Riese 5	Tiere 44	Valbrandur 5	- in Krähe 65
Telepathie 64	Tiere der Götter 44	Vali Loki-Sohn 19	- in Lachs 65
Teller 57	Tierfelle 60	Valthögn 31	- in Löwe 65
Tempel 56	Tierfelle bei Hinrichtungen 67	Vandil 5	- in Mücke 65
Teufelsabbiß 45		Vandlir 5	- in Otter 65
Thagnar 31	Tor 49	Var 29	- in Pferd 65
Theck 32	Torfa 35	Vardrun 28	- in Rabe 65
Thialfi 37	Tote wiederbeleben 64	Vardrun 35	- in Rind 65
Thiazi 5		Vardruna 35	- in Robbe 65
Thing 73	Tragestange 67	Vasad 6	- in Schlange 65
Thiodwitnir 34	Trana 35	Vatermord 55	- in Schwalbe 65
Thistilbardi 34	Traum 71	Velle 5	- in Schwan 65
Thjodrerir 7	Traumdeutung 71	Venus 48	- in Seekuh 65
Thögn 31	Traumfrau 31	Verbene 45	- in Spinne 65
Thökk 35	Trima 31	Verdandi 30	- in Tier 65
Thor 17	Trolle 36	Vervielfältigung von Körperteilen 65	- in Vogel 65
Thora 28	Trona 35		- in Wal 65
Thorgerdr Hölgabrudr 29	Tuch 57	Vergessenheitstrank 70	- in Walroß 65
	Tuisto 20		- in Widder 65
Thorin 7	Tuisto 33	Verirren auf der Hirschjagd 55	- in Wolf 65
Thorir 6	Turm 56		- in Ziege 65
Thorn 5	Tyr 3	Verr 34	- in Ziegenbock 65
Thorstein Haus-Macht 79	Tyr-Riesen 5	<u>Verwandlung</u>:	Vidblindi 5
	Udr 35	- einer Frau in einen Mann 65	Viddi 34
Thrain 32	Uffe 39		Vidgreipr 34
Thrasir 6	Ulfhedinn 62	- einer Frau in eine andere Frau 65	Vidgymir 5
Thrigeitir 5	Ulfrun 35		vier Riesen-Ritter 34
Thrivaldi 5	Ullr 11	- eines Mannes in eine Frau 65	vier Stier-Riesen 34
Thröng 29	Umhang => Mantel 60		viertüriges Haus 52
Thror 7		- in Adler 65	Vifflöd 29
Thror 20	Uni 20	- in Bär 65	Vignir 34
Thror 32	Unn 35	- in Drache 65	Vikarr 6
Thorri 34	Unsichtbarkeit 64	- in Eber 65	Vilja 20
Thrud 31	Unsichtbarkeits-Stein 67	- in Falke 65	Vindr 34
Thrudgelmir 5		- in Fliege 65	Vingnir 6
Thrudr 29	Urd 30	- in Floh 65	Vingrip 34

Vipar 34	Wegwarte 45	Winter 54	Zwerge 32
Vogel 40	Weig 32	Winteranfang 54	Zwerge:
Vogelsprache 64	Weihung => Segen	Wirwir 32	- im Berg 32
Volkrast 7	Weinen 55	Witr 32	- im Gebirge 32
Vör 29	weiß 46	Witwen-Selbstmord 51	- Kuttenberg 32
Vörnir 34	Weisheiten 74		- Untersberg 32
Vulkan-Riese 34	Weisheitstrank 70	Wolf 43	- Blankenburg 32
Waage 64	Weißstern 39	Wolfsfell 62	- Bonikau 32
Waberlohe 49	Weltenbaum 53	Wortschatz Magie 64	- Dardesheim 32
Wächter 49	Weltesche 53	Wohlstandszauber 64	- Eilenburg 32
Wafthrudnir 6	Wespe 40	Wucherblume 45	- Elbogen 32
Wagen 67	Westen 54	Wurzel 45	- Glaß 32
Wagnhofde 6	Westri 32	Wyrd 30	- Hohenstein 32
Wal 44	Wetter 64	**Yggdrasil** 53	- Heilingsfelsen 32
Wälder =>	Wettlauf 55	Ymir 33	- Nünberg 32
Weltenbaum 52	Wetttrinken 55	Ymis 33	- Osenberg 32
Wald-Riesin 35	Wetzstein 67	Yngvi 32	- Plesse 32
Wali 19	Wichte 36	**Zahlen** 47	- Rosenberg 32
Wali 32	Widar 19	Zähne 63	- Selbitz 32
Walküren 31	Widfinnr 5	Zauberer 59	- Sion 32
Walnuß 45	Wiedergeburt 51	Zauberin 58	Zwerg:
Walroß 44	Wiederholungen 55	Zaubersprüche 68	- Gebirge 32
Waltam 20	Wiederzeugung 51	Zeh 63	- Kyffhäuser 32
Wandteppich => Tempel	Wieland 4	Ziegen 42	- Hohenstein 32
	Wiesel 43	Zisa 29	- Dresden 32
Wanen 36	Wig 32	Zunge 63	- Hoia 32
Warkald 6	Wigrid 55	Zweikampf 73	- Lützen 32
Warr 20	Wili 20	zweiköpfige Riesen 34	- Ralligen 32
Wasser 52	Wili (Zwerg) 32		- Rantzau 32
We 20	Wind (Magie) 64	zwei Zwerge 32	- Scherfenberg 32
Weberin 55	Wind 52	Zwerg auf dem Felsen 32	- Thorgau 32
Wegdrasil 20	Windalf 32	Zwergberg zu Aachen 32	Zwillinge 55
Wegerich 45	Windloni 6		
Wegetritt 45	Windswal 6